2020年度山东青年政治学院学术专著出版基金资助
山东省社会科学规划研究项目"山东中小企业国际营销研究"
研究成果

经济管理学术文库·管理类

# 山东省中小企业国际营销研究

## Research on International Marketing of Small and Medium-sized Enterprises in Shandong Province

代桂勇／著

经济管理出版社
ECONOMY & MANAGEMENT PUBLISHING HOUSE

**图书在版编目（CIP）数据**

山东省中小企业国际营销研究/代桂勇著．—北京：经济管理出版社，2020.9
ISBN 978 - 7 - 5096 - 7385 - 0

Ⅰ．①山…　Ⅱ．①代…　Ⅲ．①中小企业—企业管理—国际营销—研究—山东
Ⅳ．①F276.3

中国版本图书馆 CIP 数据核字（2020）第 158081 号

组稿编辑：王　洋
责任编辑：王　洋
责任印制：黄章平
责任校对：熊兰华

出版发行：经济管理出版社
　　　　　（北京市海淀区北蜂窝 8 号中雅大厦 A 座 11 层　100038）
网　　址：www. E - mp. com. cn
电　　话：（010）51915602
印　　刷：北京玺诚印务有限公司
经　　销：新华书店
开　　本：720mm×1000mm/16
印　　张：9.5
字　　数：155 千字
版　　次：2020 年 9 月第 1 版　　2020 年 9 月第 1 次印刷
书　　号：ISBN 978 - 7 - 5096 - 7385 - 0
定　　价：78.00 元

# 前　言

众所周知，中小企业在国民经济发展中具有十分重要的地位，在推进经济增长、增加财政收入、扩大就业渠道、促进科技创新等方面发挥着越来越重要的作用。随着"一带一路"倡议的提出和深入推进，我国中小企业走向国际市场已成为大势所趋，越来越多的中小企业意识到开展国际营销对于自身生存与发展的重要意义。因此，中小企业国际营销研究已成为中小企业发展研究的一个重要课题。

山东省中小企业以"一带一路"倡议和新旧动能转换为契机，走出国门开展营销活动，推动自身高质量发展，不仅在较大程度上能够改变山东省"大多小少，旧多新少"的企业发展现状，而且也为山东省应对日益复杂的国际国内环境形势，转变经济发展方式，调整经济结构增添了新的动力。但是，面对纷繁复杂的国际市场，尤其是中美贸易冲突的加剧，中小企业在走向国际市场过程中面临着诸多的障碍和风险。中小企业如何发挥自身优势，规避可能面临的风险，找到一条适合自己的国际市场营销道路，在激烈的国际市场竞争中生存并发展壮大，成为当前山东省中小企业亟须解决的关键问题，也成为本书拟解决的问题和研究的内容。

山东省中小企业国际营销活动具有自己的特色，而不是其他地区中小企业国际营销的"山东版"。本书在阐述中小企业国际营销理论的基础上，分析了山东省中小企业国际营销的发展现状，论述了山东省中小企业开展国际营销活动的必要性，结合对山东省中小企业国际营销活动的 SWOT 分析，借鉴国内外中小企业国际营销活动的成功经验，提出了山东省中小企业国际营销的战略策略选择，并指出了必要的保障措施。希望本书能对山东省乃至更广范围内的中小企业开展国际营销活动提供一点思路。

本书来源于山东省社会科学规划研究项目"山东中小企业国际营销研究（11CGLJ21）"课题，系山东青年政治学院的学术成果。本书引用的文献资料——说明了文献的出处，在此向相关学者致谢。若有侵犯他人知识版权之处，属无心之失，请给予谅解。本书的参写人员还有孙丽英教授，在此向她表示感谢。

由于笔者学术水平有限，本书一定存在一些漏洞或不足，希望各位专家、读者提出批评指正。

# 目  录

第一章  绪论 ……………………………………………………………… 1

第一节  选题背景 ………………………………………………………… 1

一、经济全球化的深入发展 …………………………………………… 1

二、中小企业在国民经济中的重要地位 ……………………………… 2

三、党和国家的大力扶持 ……………………………………………… 4

第二节  国内外相关研究的学术史梳理 ………………………………… 6

一、国外相关研究的学术史梳理 ……………………………………… 6

二、国内相关研究的学术史梳理 ……………………………………… 9

三、文献述评 …………………………………………………………… 14

第三节  本书研究思路与内容框架 ……………………………………… 15

第四节  主要创新点 ……………………………………………………… 18

第五节  理论意义与应用价值 …………………………………………… 19

一、理论意义 …………………………………………………………… 19

二、应用价值 …………………………………………………………… 20

第六节  主要研究方法 …………………………………………………… 21

一、文献研究法 ………………………………………………………… 21

二、案例分析法 ………………………………………………………… 22

三、演绎推理法 ···················································· 22

**第二章 山东省中小企业国际营销研究的理论基础** ············ 23

第一节 国际市场营销理论 ······························ 23

一、国际市场营销的特殊性 ···················· 24

二、国际市场营销的渐进性 ···················· 25

三、国际目标市场营销理论 ···················· 26

四、国际市场营销组合理论 ···················· 27

五、市场营销的新概念和新领域 ············ 35

第二节 中小企业生存和发展的理论 ············ 40

一、中小企业的界定标准 ······················· 40

二、企业进化理论 ·································· 44

三、不完全市场理论 ······························· 44

四、新技术进步理论 ······························· 45

五、产业分工理论 ·································· 45

六、企业协调理论 ·································· 45

七、隐形冠军理论 ·································· 46

第三节 企业竞争理论 ································· 47

一、一般性竞争战略 ······························· 47

二、价值链理论 ···································· 48

三、产业集群理论 ·································· 49

四、蓝海战略 ········································ 49

五、微笑曲线理论 ·································· 50

六、长尾理论 ········································ 51

**第三章 山东省中小企业国际营销发展现状分析** ……………… 52

　**第一节 山东省中小企业发展现状** ………………………… 52

　　一、山东省中小企业良好的发展态势 ………………… 52

　　二、山东省中小企业存亡的问题 ……………………… 53

　**第二节 山东省中小企业国际营销发展现状** …………… 54

　　一、山东省中小企业国际营销处于初级阶段 ………… 54

　　二、山东省中小企业国际营销存在的问题 …………… 55

　**第三节 山东省中小企业开展国际营销的必要性** ……… 58

　　一、山东省中小企业开展国际营销的动因 …………… 59

　　二、山东省中小企业开展国际营销的意义 …………… 62

　**第四节 山东省中小企业开展国际营销的SWOT分析** … 65

　　一、山东省中小企业国际营销的比较优势分析（S） … 66

　　二、山东省中小企业国际营销的相对劣势分析（W） … 69

　　三、山东省中小企业国际营销的机遇分析（O） …… 70

　　四、山东省中小企业国际营销的威胁分析（T） …… 71

**第四章 山东省中小企业国际营销的案例借鉴** ………… 74

　**第一节 义乌双童公司国际营销案例** …………………… 74

　　一、坚守和专注的企业精神 …………………………… 75

　　二、着力打造企业品牌 ………………………………… 75

　　三、小客户原则 ………………………………………… 76

　　四、创新成就企业发展 ………………………………… 77

　　五、变加法为减法 ……………………………………… 78

　**第二节 青岛金王公司国际营销案例** …………………… 79

一、广泛开展市场调研，精准定位国际市场 ……………… 80

二、依托世界零售巨头，产品进入主流国际市场 ………… 80

三、重视科技创新，打造自主品牌 ……………………… 81

四、实施本土化策略，发展重点市场 …………………… 81

五、通过对外投资，绕开贸易壁垒 ……………………… 82

第三节 德国中小企业国际营销案例 …………………………… 82

一、市场聚焦战略 ………………………………………… 83

二、技术竞争力强 ………………………………………… 83

三、有限顾客思维 ………………………………………… 83

四、市场和技术同等重要 ………………………………… 84

五、稳定的劳资关系 ……………………………………… 84

第四节 意大利中小企业国际营销案例 ………………………… 84

一、集群化的企业发展模式 ……………………………… 85

二、"弹性专精"的企业生产方式 ……………………… 85

三、创新生产设计和管理模式 …………………………… 86

四、注重产品质量，打造国际品牌 ……………………… 86

第五节 中小企业国际营销发展模型 …………………………… 87

一、中小企业国际营销发展特点 ………………………… 87

二、中小企业国际营销发展模型 ………………………… 88

第五章 山东省中小企业国际营销战略与策略选择 ……………… 91

第一节 山东省中小企业国际营销战略选择 …………………… 91

一、目标市场营销战略 …………………………………… 91

二、竞争战略 ……………………………………………… 96

第二节 山东省中小企业国际营销策略选择 …………………… 100

一、国际营销组合策略 ································ 100

二、网络营销组合策略 ································ 106

三、产品差异化营销策略 ···························· 111

四、品牌营销策略 ·································· 116

五、壁垒营销策略 ·································· 118

第六章 山东省中小企业开展国际营销的保障 ·········· 121

第一节 树立全球化意识，培育国际化文化 ············ 121

一、树立全球化战略意识 ···························· 121

二、培育国际化企业文化 ···························· 122

第二节 加强国际营销人员队伍的建设 ················ 123

一、更新理念，再造营销队伍 ························ 123

二、重视培训，提升营销队伍 ························ 124

三、补充血液，引进外部人才 ························ 125

四、精细管理，稳定营销队伍 ························ 126

五、科学考核，激励营销队伍 ························ 127

六、完善职能，健全营销部门 ························ 128

第三节 推进企业自身建设 ·························· 129

一、建立现代企业制度 ······························ 130

二、建立内外协同机制 ······························ 131

三、管理本土化 ···································· 132

第四节 建设中小企业技术创新工程 ·················· 132

一、在模仿的基础上实现创新 ························ 133

二、与他人合作技术创新 ···························· 133

第七章　研究结论与局限 ……………………………………………… 134

　　第一节　研究结论 ……………………………………………… 134
　　第二节　研究局限与研究展望 ………………………………… 136

参考文献 …………………………………………………………… 137

# 第一章　绪论

## 第一节　选题背景

### 一、经济全球化的深入发展

随着经济全球化的不断深入，世界经济逐渐向一体化方向发展，生产要素在全球范围内自由流动和优化配置，全球范围内形成了紧密统一的国际市场。我国自改革开放以来，特别是 2001 年加入世界贸易组织以来，更是加快了与世界经济一体化的进程。随着"一带一路"倡议的提出和推进，依托于我国与世界诸多国家共同建立的既有双、多边机制，在行之有效的区域合作平台的推动下，我国与世界各国的经济合作关系进一步发展，形成"你中有我、我中有你"的相互影响、相互依存的局面，共同打造"政治互信、经济融合、文化包容"的利益共同体、责任共同体以及命运共同体。

党的十九大报告明确指出，"推动形成全面开放新格局"，"中国开放的大门不会关闭，只会越开越大"。随着《中华人民共和国外商投资法》《优化营商环境条例》等一系列法律政策文件的出台，我国加快推进建设市场化、法治化、国际化、便利化的一流营商环境，外商投资的规模在不断扩大，投资的含金量也越来越高。我国的企业，尤其是中小企业，即使是身居国内也难以"独善其身"，必然会面临激烈的国际竞争。与此同时，我国越来越多的企业不满足于本土区域市场，而是更多地将目光放眼全世界，走出国门，将进军国际市场作为战略目标，积极参与国际市场的竞争。

作为沿海经济大省，山东省充分发挥区位优势，坚持"引进来"和"走出去"并重，促进双向投资协调发展，奠定开放型经济格局。对于山东省中小企业而言，这种开放格局既是无法躲避的严峻挑战，也是前所未有的重大战略机遇——一方面，山东省中小企业受自身不可避免的限制性因素以及国内市场竞争环境的恶化，发展空间日益缩小，面临巨大的生存危机；另一方面，外商的纷纷涌入使山东省中小企业进入国际市场与固守国内市场已经没有十分明显的区别，国内竞争已经国际化。山东省中小企业必须打破传统的"闭关锁省"的观念，在激烈的市场竞争中"杀出重围"，扩展自身发展的战略空间，同时也能有效避免因发展惨淡而经营失败或被大型企业、跨国公司收购。走出去，开拓国际市场，主动迎接国际化的竞争与挑战，是山东省中小企业在当前时代背景下的必然选择和正确道路。

## 二、中小企业在国民经济中的重要地位

自 20 世纪 90 年代以来，世界经济发展出现了一个令世人瞩目的现象，那就是无论发达国家还是发展中国家，中小企业都广泛存在，并且发展迅速。虽然笔者尚未收集到任何研究机构对其做出的明确统计数据，但依据一些国家或主要经济体的宏观经济统计数据分析情况来看，在当前世界范围内，中小企业在数量上占九成以上，经济发展贡献率占五成左右，直接或间接创造的国际贸易成交额超过一半，创造的就业岗位占据各国的九成以上，对技术创新的贡献率也超过六成。可以毫不夸张地说，中小企业的发展带来一个国家或地区的经济发展和财富增长，中小企业的迅速发展带来世界经济的繁荣与稳定。

在我国经济实现腾飞的过程中，中小企业发挥了不可或缺的重要作用。自改革开放以来，中小企业数量不断增多，规模不断扩大，实力不断提升，对推动经济增长、增加就业岗位、促进技术创新等方面均做出了重要的贡献。2018 年 8 月，国务院促进中小企业发展工作领导小组第一次会议指出，我国中小企业具有"五六七八九"的典型特征，贡献了 50% 以上的税收，60% 以上的 GDP，70% 以上的技术创新，80% 以上的城镇劳动就业，90% 以上的企业数量，是国民经济和社会发展的生力军，是建设现代化经济体系、推动经济实现高质量发展的重要基础，是扩大就业、改善民生的重要支撑，是企业家精神的重要发源地。随着中央政府和各地方政府支持中小企业继续发展壮大的一系列政策的落实，中小企业在我国将会拥有更加丰富的发展机会、更大的发展空间以及更强的发展活力。

近年来，随着供给侧结构性改革的深入推进与新旧动能转换重大工程的广泛实施，山东省中小企业不断被注入新的发展理念，引领其高质量发展。2018 年 11 月，齐鲁财富网、社会科学文献出版社在青岛共同发布的《山东蓝皮书：山东省中小企业发展报告（2018）》指出，2017 年山东中小企业对全省贡献显著。在经济方面，数量持续增加，年末达 225 万户；全年规模以上中小工业企业增加值继续保持增长态势，涌现一批产业集群及双创示范基地，新业态经济贡献开始显现。在就业方面，山东规模以上中小工业企业从业人数多年保持在 500 万人之上，中小企业就业贡献显著。在财政税收方面，中小企业实现利税总额 7467.18 亿元，占全部规模工业利税总额近六成。在对外贸易方面，中小企业出口交货值为 3921.70 亿元，占山东对外贸易主力民营企业进出口额的四成。山东中小企业通过借鉴经济发达省份的先进经验，做到取长补短，在实施新旧动能转换重大工程中发挥重要作用。①

---

① 孙国茂，张登方. 山东省中小企业发展报告（2018）［M］. 北京：社会科学文献出版社，2018：37 – 72.

因此，上至国家，下至地方，中小企业均占据着非常重要的经济地位，并引起各国政府、学术界以及社会各界人士的广泛关注与普遍重视，大力发展中小企业已成为各国政府推动经济发展的共识。对于山东省中小企业而言，新旧动能转换的重大战略为其提供了空前的发展机遇；与之相应的是，中小企业将成为新旧动能转换的重要突破口，中小企业的良好发展将会强有力地推进山东新旧动能转换重大工程的落地。

### 三、党和国家的大力扶持

党和国家充分认识到中小企业对促进国民经济发展的重要作用，出台了一系列政策和措施支持和鼓励中小企业的发展。可以说，我国中小企业取得的巨大成就，离不开党和国家的大力扶持。党和国家的大力扶持为中小企业国际营销发展注入了强劲动力和发展活力。

党的各种重要会议报告多次强调了对中小企业发展的支持和鼓励，见图1-1。

除了在财政、金融、税收、资金、科技、就业、服务等方面出台了一系列优惠政策之外，国家还多次召开中小企业工作会议，研究中小企业发展遇到的问题，提出具体的改革举措，大力扶持中小企业发展壮大。2018年11月，习近平总书记主持召开民营企业座谈会并发表重要讲话，强调要毫不动摇鼓励支持引导非公有制经济发展，支持民营企业发展并走向更加广阔的舞台，让民营企业和民营企业家吃下定心丸，为民营经济实现更大发展注入了强大动力。从2018年8月到2019年12月，国务院先后四次召开促进中小企业发展工作会议，指出要充分认识促进中小企业发展的重要性，要对国有经济和民营经济一视同仁，平等对待大中小企业。这是中央历史上第一次召开关于中小企业发展的专题会议，堪称绝无仅有。

目前，国际经济环境存在诸多不稳定的影响因素，以美国为代表的一些资

| 1997年9月<br>十五大 | 将"以公有制为主体、多种所有制经济共同发展"确立为我国的基本经济制度，明确指出"非公有制经济是我国社会主义市场经济的重要组成部分" |
|---|---|
| 2002年11月<br>十六大 | 提出要"毫不动摇地巩固和发展公有制经济"，"毫不动摇地鼓励、支持和引导非公有制经济发展" |
| 2012年11月<br>十八大 | 进一步提出"毫不动摇鼓励、支持、引导非公有制经济发展，保证各种所有制经济依法平等使用生产要素、公平参与市场竞争、同等受到法律保护" |
| 2013年10月<br>十八届三中全会 | 指出非公有制经济财产权同样不可侵犯，国家保护各种所有制经济产权和合法利益，废除对非公有制经济各种形式的不合理规定 |
| 2014年10月<br>十八届四中全会 | 强调要"健全以公平为核心原则的产权保护制度，加强对各种所有制经济组织和自然人财产权的保护，清理有违公平的法律法规条款" |
| 2015年10月<br>十八届五中全会 | 提出要"鼓励民营企业依法进入更多领域，引入非国有资本参与国有企业改革，更好激发非公有制经济活力和创造力" |
| 2017年10月<br>十九大 | 将"两个毫不动摇"写入新时代坚持和发展中国特色社会主义的基本方略，作为党和国家的大政方针进一步确定下来 |
| 2019年10月<br>十九届四中全会 | 指出，健全支持中小企业发展制度，促进非公有制经济健康发展和非公有制经济人士健康成长 |

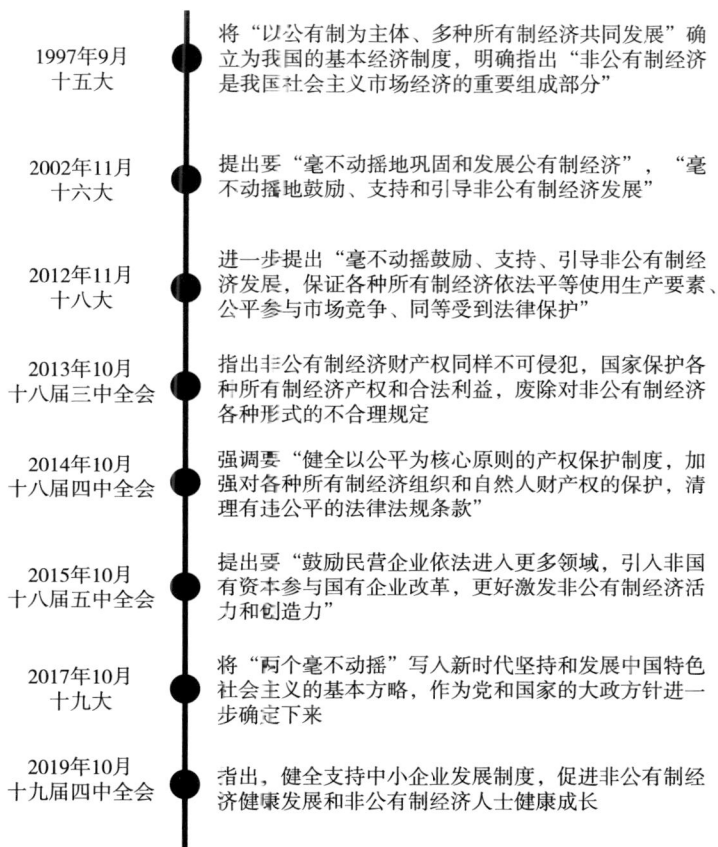

**图1-1 党的重要会议报告中对中小企业发展支持的内容**

本主义国家奉行"保护主义"和"单边主义"，对世界经济发展造成严重的阻碍。尤其是美国对我国发起的"贸易战"，对我国产品设置多种形式的贸易壁垒甚至禁售，严重损害了两国的经贸关系和企业利益。但是，我国长期稳定向前发展的经济态势并未因此发生改变，在改革开放的基本国策的指引下，我国政府积极贯彻落实各项促进国际贸易稳定增长的措施，特别是规模空前的减税降费政策和全面深化"放管服"改革，有效降低了企业负担，优化了营商环境，为企业发展提供了良好的贸易环境，加速推进企业在国际市场中发展壮大。据海关统计，2019 年我国货物贸易进出口总值 31.54 万亿元，比 2018 年增长 3.4%。其中，出口 17.23 万亿元，增长 5%。2019 年民营企业首次超过外商投资企业，成为我国外贸第一大主体。[①] 在"一带一路"倡议的有效引导下，我国与沿线诸多国家均实现了进出口总额的较大幅度增长，成为推动我国贸易发展的直接动力。

党和国家的大力扶持为中小企业的国际营销活动创造了极其有利的外部环境。对于山东省中小企业而言，走出国门，开拓国际市场，寻找新的增长点成为一种必然选择。面临着良好的发展环境，山东省中小企业需要统筹安排各种资源，选择科学的国际市场营销战略和策略，制定周密的国际市场营销方案，全力推进国际市场营销决策的落地，才能实现国际市场营销活动的成功。

# 第二节　国内外相关研究的学术史梳理

## 一、国外相关研究的学术史梳理

作为一种管理实践，国际营销已经存在了数百年，但作为特定的研究领域，国际营销被广泛接受始于 19 世纪 60 年代（Bartels，1988）。作为市场营销与国际商务的交叉研究领域，国际营销包括跨国公司全球营销战略、跨国消费者行为研究、品牌的全球化与本土化、产品的全球标准化与本土适应性等重要内容，其对营销理论发展和跨国公司实践发挥了重要的作用。

20 世纪 50 年代，美国市场学家温德尔·史密斯提出了市场细分的概念，营销学者尼尔·博登提出了市场营销组合的术语。此后，杰罗姆·麦卡锡、菲

---

① 2019 中国经济年报［EB/OL］. http：//www. gov. cn/zhuanti/2019zgjjnb/index. htm.

利普·科特勒等知名营销学者在此基础上进一步研究，提出了以 4P 为核心的市场营销组合理论。本书受篇幅限制，在此不做太多的赘述。菲利普·R. 凯特奥拉、玛丽·C. 吉利、约翰·L. 格雷厄姆（2012）认为，国际市场营销是指对商品和劳务流入一个以上国家的消费者或用户手中的过程进行计划、定价、促销和引导以便获取利润的活动。与传统意义下国内市场营销一样，国际市场营销也是一种包含目标市场调研与分析、目标市场定位与选择、产品设计与研发、销售价格的确定、销售渠道的选择、销售促进、售后服务的提供以及向消费者征求意见等具体活动在内的复杂的活动管理过程。

在经济全球化深入发展的 30 多年时间里，出现了一大批向外扩张的企业，这些企业如何进行营销战略制定与策略选择，成为国外学者针对国际市场营销研究的关注点。

企业国际市场营销活动的发展是一个从量变到质变的渐进过程。Johanson 和 Vahlne（1977）以瑞典的四家制造企业为对象进行案例研究，发现这些企业在国际市场营销活动上存在较大的相似性，其国际化进程均经历了以下四个阶段：①无规律可循的出口；②通过代理商或中间商出口；③成立国际销售分公司；④直接从事国际研发与生产制造。这四个阶段的发展并非一蹴而就的，而是一个连续、渐进的过程，它们分别表示一个企业的海外市场卷入程度或由浅入深的国际化程度。菲利普·R. 凯特奥拉、玛丽·C. 吉利、约翰·L. 格雷厄姆（2012）认为，国际营销可以分为 5 个阶段：①非直接对外营销阶段。企业产品可以通过贸易公司及其他主动购买的国外采购商，或者通过国内的分销商和批发商，也可以通过网上订单的形式实现国际营销。②非经常性对外营销阶段。由于国内目标市场需求与自身生产能力发生变化而出现产品暂时性过剩，导致企业非经常性的海外营销。③有规律的对外营销阶段。企业拥有持久的可以用于生产在国外市场销售的产品的能力，可以雇用国内外的批发商或零售商，或者在重要的国际市场建立销售子公司或营销网络。④国际市场营销阶段。企业全面参与国际市场营销活动，在全球范围内寻找目标市场，有计划地将产品销往许多国家的市场。在这一阶段，企业在国外市场生产和销售商品，成为国际公司或跨国集团。⑤全球营销阶段。公司将国内市场和国外市场视为一个整体市场，成为一个全球性企业。企业的原材料采购、资金筹集、生产经营、组织设置以及营销管理等方面完全从全球角度出发开展活动，通过经营活动的全球化战略导向，保证企业收益最大化。

在国际营销活动发展的不同阶段，企业所采取的国际营销战略可能略有差异。在发展初期，企业可能会采取借助于中间商的方式或者通过向行业内领先企业的学习来实现进入国际市场的目标。Johanson 和 Mattsson（1985）指出，企业早期开展国际市场营销活动，由于缺乏对目标市场的了解，要想减少行为的盲目性最好的途径便是借助于中间商，这样既能有效降低企业的生产经营成本，也能够降低市场进入风险，成功在国际市场站稳脚跟。在成长期和成熟期，企业借鉴早期国际市场营销活动的经验，在客观分析国际市场和了解自身资源的基础上，制定和执行符合自身实际情况的国际市场营销战略和营销计划，从而实现国际化经营的目标。Oana Simona 和 Razvan – Mihail（2009）认为，在国际市场扩张的过程中，企业需要将其资源、能力等主观因素与市场机会等客观因素有机结合，并且需要具有充分的时间、丰富专业及其他知识经验以及拥有乐于奉献的精神，既应当包括对国际目标市场进行全方位战略分析，也应当包括对国际市场拓展的计划、步骤以及实现国际化经营的战略制定。Cavusgil 和 Zou（2002）总结了全球营销战略的三种主要观点，即标准化、配置和协调、整合。同时期，一些学者的重要研究也从侧面肯定、支持和补充了Cavusgil 和 Zou 三种主要观点的结论。

在国际市场营销策略的研究上，产品、品牌在现实中全球化程度更高，相关研究文献比较丰富；而渠道、价格是更加地方化色彩的因素，在全球营销实践标准化程度较低，且相关研究文献较少。菲利普·科特勒（1986）提出

"大市场营销"概念，即在原来的4P组合的基础上，增加两个P：政治力量和公共关系，企业为了进入特定的市场，并在那里从事业务经营，在策略上应协调地运用经济的、心理的、政治的、公共关系等手段，以博得外国或地方各方面的合作与支持，从而达到预期的经营目标。Dobbins 和 Pettman（1997）认为，企业要获得利润，首先需要满足顾客的需求，制定恰当的营销策略，强调将满足顾客需求置于企业优先发展的地位，并充分结合竞争优势、顾客行为特征、国际市场细分以及联合营销、广告等设计出符合其发展目标的营销策略。

**二、国内相关研究的学术史梳理**

20世纪70年代末80年代初，随着改革开放政策的实施，我国市场经济逐渐发展起来，市场营销理论也被重新引入国内。相比于西方发达国家，我国在市场营销领域的研究起步晚，但历经数十载的发展历程，市场营销的理论研究和实践应用均取得较大的进步。梳理相关文献可以总结出，国内学者对于企业国际市场营销的研究主要集中在以下四个方面的内容：

（一）我国企业开展国际营销的优势与存在问题研究

研究我国企业开展国际营销的优势主要从两个角度展开研究：一是从外部环境角度，主要针对我国劳动力资源丰富、原材料组织与采购成本具有先天优势等做出探讨（刘振华，2010）；二是从企业自身角度，如企业自身组织与管理能力大大提高，企业品牌国际化的基础较好，国际化意识明显增强以及国际化管理制度逐渐建立起来（贺华丽、刘斯敖，2012）。

然而，我国企业在国际市场上的营销活动依然存在着诸多问题：第一，企业虽在短期内拥有较为详细、周到的国际营销计划，但却普遍缺乏科学的战略性国际营销规划（范宝财，2010）。朱徐晨（2011）指出，随着我国"人口福利期"的结束，"世界工厂"开始由中国向东南亚等劳动力成本相对更低的国家转移，然而大多数国内企业只顾短期内盈利，忽视了长远发展的战略规划，企业在落后的营销观念和脱节的营销管理中逐渐被国际市场所淘汰。第二，企业的国际营销经验不足，在实践中缺乏运用行之有效的营销策略来开展国际营销活动（刘仓，2009）。赵林晶（2012）指出，在国际市场中，我国企业的产品大多被认为产品附加值较低，产品档次低，产品的技术含量低，而且企业大多忽视了对国际市场的前期调研，营销手段低效甚至无效，企业也不注重品牌效应，仅仅依靠简单的扩大再生产与传统的营销理念盲目开拓国际市场，造成失败甚至危及企业自身生存。虽然目前一些国内企业已经具备国际化视野，但大多数企业仍墨守成规，不注重培养企业自主创新能力，因而也就无法应对市场变化带来的挑战（张丽光，2018）。第三，企业对品牌的重视程度不够，我国企业特色品牌建设不足，品牌定位缺少差异化（郭斌，2013），而且企业的品牌营销概念不突出（刘振华，2010），进而导致了企业品牌国际化优势不明显，品牌资产积累不足，品牌形象塑造力度不够等（贺华丽、刘斯敖，2012）。第四，企业对网络营销的认识不足，对电子商务的利用程度不足，局限于传统的营销模式（唐霄，2017），导致在与同类企业竞争中处于不利地位。第五，一些企业由于高端人才不足尤其是专业型营销人才的缺乏、人才培养方式缺乏体系（陈谊，2011）以及自身科研实力有限，导致企业的发展缺乏有力的人力、技术保障，这也是我国企业开展国际营销面临的重要问题。

（二）我国企业开展国际市场营销的战略研究

何旺兵等（2011）将企业国际营销战略框架体系概括为国际营销战略选择、国际营销进入战略、国际营销实施战略三个层面。其中，国际营销战略包括以传统多国视角下的营销适应性战略和基于全球化背景下的营销标准化战略两种。营销适应性战略以市场细分、定位理论和摩擦理论为基础，认为国家之间的差异仍然是显著存在的，强调企业应该基于国家间差异采用针对当地细分市场的更为准确的定位战略，从而实现差别化竞争优势；营销标准化战略以不同国家顾客需求特征的日趋一致性以及顾客对全球化营销诉求的潜在需要为假设前提，基于规模经济和范围经济的理论基础，强调通过充分挖掘各个国家市场之间的趋同性特征建立一致性的营销模式，以获取在全球市场的规模经济和范围经济。在这一划分基础上，又可进一步将其细化为多国营销战略（Localization）、全球营销战略（Globalization）和以全球本土化营销战略（Glocalization）、半球化营销战略（Semi - globalization）为代表的混合营销战略。多国营销主张完全适应各国的环境制定本土化的营销战略；全球营销强调在全球范围内进行营销活动的整合和标准化；混合营销主张将本土化与标准化的营销活动进行结合。

在国际市场营销战略中，全球化意味着企业营销活动在全球范围内的标准化，而本土化则意味着企业在各东道国市场上采取适应性的营销活动。营销标准化被国际营销经理看成是有效的战略，而不同国家或地区市场存在的差异，又给跨国公司全球营销带来了适应性方面的挑战（苏艳林，2012）。究竟应该追求标准化还是寻求适应性成为国际营销学界广泛争论的话题，目前已经积累了大量文献资料。张峰和吴晓云（2010）概括以往学者的研究，指出国际营销模式（标准化或者适应性）的选择包含三个层面：①营销要素层面的选择，即在不同的国家或地区市场追寻和实施相似或者差异的产品、促销、价格、分销等营销要素；②营销管理过程层面的选择，即跨国公司在决策制定、数据收集、计划、控制、信息传递与沟通等开发和执行营销要素的过程性活动方面的标准化或者适应性；③营销组合的资源分配层面的选择，即在不同国家市场上，广告、促销、人员推销以及其他营销组合变量的资源分配模式的标准化或者适应性。三者存在密切的相互联系，概括来讲，营销要素层面是企业实施营销标准化或者适应性战略的最直接表现，营销管理过程和资源分配层面则侧重从企业内部的战略执行工具角度阐释营销模式的选择，是决定和实现营销要素标准化或者适应性的前提和基础。

（三）我国企业开展国际市场营销的策略研究

在经济全球化的时代背景下，营销环境也随之发生了改变，继续沿用传统的营销策略已不能适应当前的市场环境。国内学者对此纷纷建言献策，提出了各自的观点。张婉丽（2010）通过对我国中小企业的市场营销策略进行系统分析，认为中小企业应当以目标市场顾客的基本需求为起点，在营销活动中不断强化对其控制与管理，并结合不同目标市场所面临的不同经济、社会环境，分别采取针对性的营销策略。针对实践中难以对营销策略组合整合运用的现状，刘仓（2009）提出"塔型"营销策略的应用构想，即"窄而尖"的塔尖（产品）策略、变通的塔身（促销与价格联动）策略以及牢固的塔基（渠道）策略。范宝财（2010）认为，应通过确立科学的国际营销战略、培养高素质的国际营销人才以及建立民营企业战略营销联盟三个方面实施国际营销策略。陈谊（2011）认为，应加强企业的国际品牌建设，进一步开拓国际分销渠道，加大优秀人才招揽和培养力度以及政府加大民营企业的支持、指导及监管力度，以促进民营企业更好地发展。许晖和万益迁（2010）基于全球营销理论的权变观点，将感知风险的概念从消费者行为研究领域引入国际化风险研究，以全球营销的适应性理论为前提，研究了国际化感知风险与适应性营销策略的权变关系。韩中和等（2010）指出，管理层的国际化承诺以及制度性因素对企业实施品牌策略有正向关系，品牌策略对国际营销绩效有显著影响，加强品牌建设对于企业国际营销活动具有重要的促进作用。陈伟（2011）则另辟蹊径，从品牌翻译的视角探讨企业商标的翻译方法对跨文化国际市场营销的深刻影响，并探求国际营销产品之商标翻译的恰当原则和方法。贺华丽和刘斯敖（2012）从国际营销人才的培养、国际营销能力的提高以及促进品牌国际化进程中集群品牌和企业品牌互动发展三个方面来为企业国际营销活动提供策略。张浩（2014）研究发现，国际市场已经开始呈现出多元化的发展趋势，个性化的消费需求逐渐增加，营销策略只有对国际市场的变化进行适应才能实现发展，营销创新的新时期营销策略在全球范围内兴起。贾澜（2016）认为，在学习与利用市场营销策略之前，企业应当树立正确的市场营销理念，开展国际营销则首先需要树立全球营销观，在此基础上放眼全球，以全球化眼光来实现企业发展。邓勇（2017）认为，企业开展国际营销不仅应当树立全球营销观，也应该树立知识营销观。张旭（2018）认为，国际市场营销观应更加重视培养企业的创新文化，将企业的自主创新能力充分运用在企业经营战略与产品策略中，而在新形势下的营销理念能够促进企业间形成强强合作，加快形成企业间优势互补、共同发展的局面，来取代传统市场营销策略。

（四）我国企业在国际市场上竞争力的研究

在国际目标市场上，企业一方面要根据目标市场需求的变化而灵活调整市场营销策略，另一方面要根据国际营销环境的变化，培育和提升企业的竞争力以应对竞争对手的竞争。李淑芳（2011）在研究中提到全球经济化的企业为了降低风险，可改变竞争方式和营销策略，采取战略合作方式，与竞争者联手开拓市场。王晓昌（2017）认为，目前我国正处于国际贸易的发展阶段，整体来看，制度、体系等尚未成熟，当企业的目标市场扩大到全球范围时，企业间竞争便愈演愈烈，不仅要在产品、设备、技术等方面提高企业竞争力，更需在企业的总体形象、产品品牌上加大投入力度。于征帆（2016）提出，企业提高其产品附加值的一个重要途径在于提高无形资产在企业资产中所占比重，只有通过技术创新与管理创新，并增加对产品品牌的投入以提高产品品牌价值，才能进一步提高企业在国际市场上的竞争力。王庆国（2017）指出，作为国际市场营销中的关键性因素，企业的品牌效应有助于企业增强软实力，创造更高的市场价值，从而能更大幅度地提高企业的核心竞争力。

自从互联网经济产生并迅速发展以来，一些学者指出国际市场营销策略也需顺应互联网的发展而发展。国内学者赵言（2016）认为，经济全球化加速了信息时代的发展，互联网的普及让全球的交流更加及时和便捷，这促使企业产生并发展新的营销策略。贾澜（2016）认为，电子商务的发展势不可当，并会成为国际市场的主流趋势，企业应充分利用网络信息和网络渠道，提高营销的有效性和效率。李娟（2016）认为，网络时代促进了消费者个性化和理性化的发展，这使消费者更大程度地参与了产品的设计和生产，加速了企业产品的出品过程；定价策略已从传统的成本导向定价转变为消费者需求导向定价，并且在网络市场中价格愈加公开和透明；新媒体和网络平台的发展为企业的促销策略提供了更多的选择，并呈现多元化发展。

### 三、文献述评

归纳上述研究成果可以发现，当前学术界已经在以下观点达成共识：①随着经济全球化的深化发展，即使不开展国际化经营的企业也会受到外来企业的冲击，与其"坐以待毙"，不如"主动出击"，积极开展国际营销活动，实现企业的国际化经营才是企业在激烈的市场竞争中面临的唯一正确的选择。②随着世界经济、政治和科技等因素的发展变化，企业的国际营销活动也处于不断的变化中。企业应该积极顺应时代变化的潮流，不仅要注重对目标市场需求变化的调查研究，而且应当充分重视目标市场国家的经济、政治、科技、社会习俗和文化氛围等影响因素，大力推动国际市场营销策略的调整、更新与升级。③企业在采取国际市场营销策略时，应当树立正确的国际市场营销观念，加强对营销活动的管理和控制，灵活利用互联网等新技术，加强与目标市场的双向互动，在产品、价格、渠道、促销等方面，制定最适合企业的国际营销策略，并强化对企业品牌效应的重视，坚持走品牌国际化路线，实现企业的良性运转与可持续发展。

然而，现有的关于企业国际营销的研究成果存在着一定的局限性：①研究成果大多从某一个或几个点出发，对企业国际营销活动的现状进行分析，进而提出对策建议，未能用系统的、联系的观点看问题，缺乏对企业国际营销的整体性研究。②研究成果偏重于从企业这一整体层面考虑开展国际营销的相关问题，未能考虑大企业与中小企业之间存在的差异以及产业链的影响因素。相比于大型企业而言，中小企业起点较低，总体上竞争力较弱，面对竞争日趋激烈的国际市场，中小企业处于极其不利的竞争地位，而且在产业链中处于被动地位，对于中小企业如何有效开展国际营销，现有研究提出的针对性建议较少。

鉴于此，针对目前研究存在的上述局限性，本书基于国际市场营销理论、中小企业生存与发展理论以及企业竞争的相关理论，结合笔者近些年来对山东省中小企业国际营销的调研过程中发现的问题展开分析，并通过对国内外一些中小企业成功开展国际营销的经验总结出中小企业国际营销发展模型，以此为基础，更具针对性地提出山东省中小企业国际营销的战略与策略选择以及保障措施，为山东省中小企业乃至更广范围内的中小企业开展国际营销提供借鉴思路。

## 第三节　本书研究思路与内容框架

本书以"提出问题→分析问题→解决问题"的逻辑思维过程为研究思路，开展山东省中小企业国际营销的研究工作（见图 1-2）。首先，阐述中小企业国际市场营销理论、中小企业生存和发展的合理性理论以及企业竞争理论，作为研究的理论基础；其次，分析山东省中小企业开展国际营销的现状，提出山东省中小企业开展国际市场营销的必要性与可行性；再次，分析国内外中小企业成功开展国际营销的案例，总结其成功经验，并构建出中小企业国际营销发展模型，为山东省中小企业提供借鉴；最后，以山东省中小企业国际营销活动为重点研究内容，分别提出了山东省中小企业开展国际市场营销的战略与策略选择以及必要的保障措施。

本书的具体内容如下：

第一章：绪论。主要从选题背景、国内外相关研究的学术史梳理、研究思路与内容框架、主要创新点、理论意义与应用价值以及主要研究方法进行分析论述。

第二章：山东省中小企业国际营销研究的理论基础。主要是对国际市场营销理论、中小企业生存和发展理论以及企业竞争理论等相关理论原理进行阐述与分析，为研究山东省中小企业国际营销活动提供理论依据。

第三章：山东省中小企业国际营销发展现状分析。在分析山东省中小企业发展现状、国际营销发展现状的基础上，论述山东省中小企业开展国际营销的必要性以及对可行性进行 SWOT 分析，以此说明山东省中小企业开展国际营销活动的现实约束条件。

第四章：山东省中小企业国际营销的案例借鉴。通过对国内外典型中小企业开展国际营销的成功案例进行论述和分析，梳理归纳中小企业国际营销活动成功发展的内在规律，构建中小企业国际营销发展模型，为提出山东省中小企业国际营销战略与策略选择提供借鉴。

第五章：山东省中小企业国际营销战略与策略选择。该章是全书的重点内容。从战略层面提出山东省中小企业国际目标市场营销战略和竞争战略，从策略层面提出山东省中小企业国际营销组合策略、网络营销组合策略、产品差异化营销策略、品牌营销策略和壁垒营销策略。

第六章：山东省中小企业开展国际营销的保障。主要包括树立全球化战略意识、培育国际化企业文化、加强国际营销人员队伍的建设、推进企业自身建设、建设中小企业技术创新工程。山东省中小企业应加强自身的能力建设，从而为开展国际营销活动奠定坚实的基础。

第七章：研究结论与局限。根据上述各章的分析，概括、总结得出本书的研究结论，指出本书的不足之处并提出后续需要进一步研究的问题。

研究主题：山东省中小企业国际营销研究

研究目标：为山东省中小企业开拓国际市场提供营销战略与策略

基本思路　　　　主要研究内容　　　　研究方法

提出问题 ┄┄┄ 研究背景 ┄┄┄ 归纳法 数据法

经济全球化的深入发展　　中小企业的经济地位　　党和国家的大力扶持

分析问题 ┄┄┄ 山东省中小企业国际营销研究的理论基础 ┄┄┄ 文献法

国际市场营销理论　　中小企业生存和发展的理论　　企业竞争理论

山东省中小企业国际营销发展现状分析 ┄┄┄ 文献法 统计实证法

山东省中小企业发展现状　　山东省中小企业国际营销发展现状　　山东省中小企业开展国际营销的必要性　　山东省中小企业开展国际营销的SWOT分析

山东省中小企业国际营销的案例借鉴 ┄┄┄ 案例法 演绎推理法

义乌双童公司　　青岛金王公司　　德国中小企业　　意大利中小企业

解决问题　　山东省中小企业国际营销战略与策略选择　　山东省中小企业开展国际营销的保障

战略选择　　策略选择

目标市场营销战略　　竞争战略

国际营销组合策略　　网络营销组合策略　　产品差异化策略　　品牌营销策略　　壁垒营销策略

全球化意识　　营销队伍　　自身建设　　创新工程

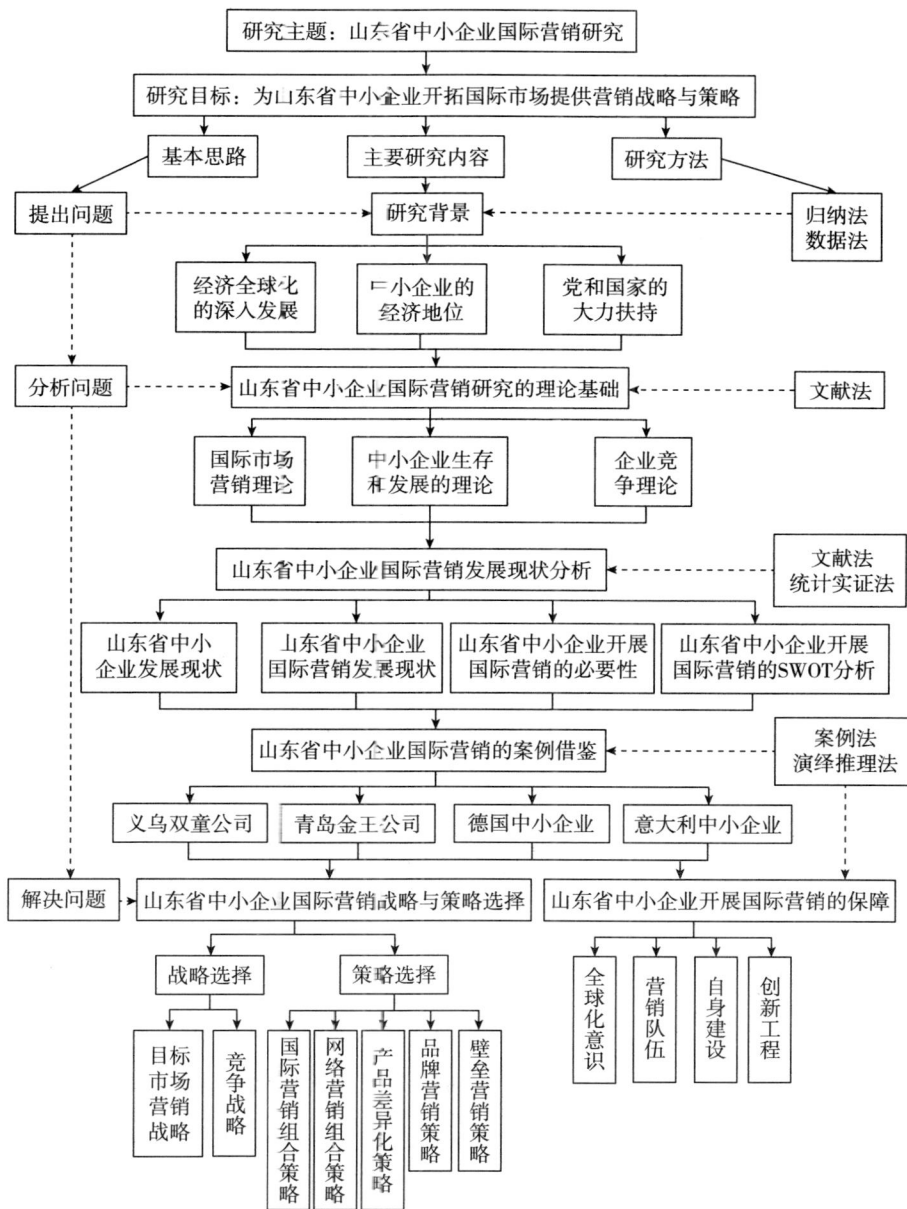

**图1-2 山东省中小企业国际营销研究框架**

# 第四节　主要创新点

本书的创新点主要集中在以下三个方面：

其一，研究理论创新。目前关于中小企业国际营销的研究大多以传统的国际市场营销理论为理论基础，本书并未局限于传统的跨国企业国际市场营销理论，而是吸收、借鉴其中有益的成分，将目光集中于山东省中小企业这一具体研究对象，基于中小企业生存和发展的合理性理论，嵌入企业竞争理论作为研究中小企业开展国际营销的重要理论依据，并根据对国内外中小企业国际营销的案例分析和借鉴，创造性地构建出中小企业国际营销发展模型，从而使研究更具备针对性与可操作性。

其二，研究视角创新。目前关于中小企业的研究更多针对的是中小企业的融资以及内部管理问题，诚然，这是研究中小企业需要重点关注的领域，但关于中小企业国际营销的研究不足，尤其是针对某一区域中小企业的研究更加薄弱。本书创造性地对近些年来山东省中小企业国际营销活动在理论层面进行分析研究，分析了其开展国际营销的必要性和可行性，提出了其开展国际营销活动适合采用的战略和策略，为其如何开展国际营销活动提供了诸多借鉴之处。

其三，研究内容创新。山东省中小企业开展国际营销活动有着自身的特色，既与其他地区中小企业国际营销活动存在一定的差异，也与山东省大型企业国际营销活动存在相当大的差别。本书在对山东省中小企业独具特色之处进行分析、概括的基础上，吸收、借鉴国内外中小企业国际营销活动的成功经验与失败教训，并有机结合山东省经济发展的实际情况，探讨山东省中小企业国际营销活动的战略与策略选择以及开展国际营销活动的保障措施。希望本书能够对山东省乃至更广范围内的中小企业的国际营销之路有所启示与借鉴。

## 第五节 理论意义与应用价值

中小企业国际市场营销的研究，既是具有动态性特点的理论命题，也是具有现实意义的实践课题。西方市场营销理论自 20 世纪七八十年代引入我国以来，经过数十载的导入与传播，已经步入深化期与创新期。在中小企业国际营销研究上，过去以引进外来理论为主，而现在中小企业国际化发展成为国家和社会公众高度关注的焦点，因此，加强对中小企业的国际营销研究，既具有很强的理论创新意义，也具有很重要的实践应用价值。

### 一、理论意义

本书在融合国际市场营销理论、中小企业生存和发展的理论以及企业竞争理论的基础上，探讨山东省中小企业开展国际市场营销过程中面临的一系列问题，据此提出适合山东省中小企业国际市场营销活动的对策建议。其理论意义在于：

第一，丰富和发展了国际营销理论。传统意义上的国际营销研究一般关注营销活动本身，并针对企业在一定时期内如何开展营销活动提出一系列策略措施，但在中小企业国际营销研究中，由于企业实力弱、国家与国家之间市场环境不同、企业广泛地参与国际市场的分工与协作等原因，国际营销研究应更加注重从营销过程、产业链、企业整体等角度入手，因此，本书在总结国内外企业国际营销成功实践的基础上，创造性地构建出中小企业国际营销发展模型，丰富和发展了国际营销理论。

第二，完善了中小企业生存与发展理论。中小企业的生存和发展一直是理论与实务界研究的一个热点问题。近些年来世界经济走势持续低迷，2020 年新冠肺炎疫情又给我国乃至世界各国经济带来强烈的冲击，中小企业的生存与发展更是步履维艰。只有面向更加广阔的国际市场，开展卓有成效的国际营销活动，中小企业才能获得更多的生存与发展的机会。因此，本书提出的山东省中小企业国际营销战略与策略选择以及保障措施，对于完善中小企业的生存与发展理论具有重要的借鉴意义。

## 二、应用价值

国际营销活动的成功对于企业的生存与发展具有十分重要的意义。本书在分析山东省中小企业国际营销现状的基础上，提出了山东省中小企业国际营销的战略和策略选择以及保障措施，对中小企业的生存与发展以及山东省经济的发展具有一定的实际应用价值：

第一，有助于中小企业的生存与发展。在"国内竞争国际化，国际竞争国内化"的市场环境中，中小企业如何拓展生存与发展空间，树立企业自主品牌，寻找适合的国际营销发展道路，尽快实现国际化经营，成为企业急需解决的关键问题。本书根据山东省中小企业的具体情况，在吸收、借鉴国内外企业国际营销活动成功经验的基础上，提出与山东省中小企业实际情况相符合的国际营销战略与策略，并相应地提出了开展国际营销活动的保障措施，以便有助于形成具有中国特色的中小企业国际营销模式，对推进中小企业走出国门、扩大生存与发展的空间具有一定的应用价值，进而有助于中小企业的生存与发展。

第二，有助于山东经济活力激发和产业结构转型升级。虽然山东的 GDP 还位居全国前列，但是"产业结构不优，新动能成长不快，发展活力不足，经济效益不高，拉低了山东的区域竞争优势"[①]。山东省中小企业在国际市场

---

① 刘家义在山东省全面展开新旧动能转换重大工程动员大会上的讲话。

中，接受新思想、新理念和新技术的熏陶，认识发展趋势，把握发展大势，思想得到了解放，观念得到了更新，激发了企业的发展活力，从而提升了山东经济活力。同时，山东省中小企业在国际营销活动中，通过学习、吸收和引进先进生产技术、人才和设备等研发生产精深加工、附加值高的产品，推动山东制造从劳动密集型向技术密集型转型升级，从而促进山东产业结构优化升级。

# 第六节　主要研究方法

本书采用的是规范研究与案例分析相结合的研究方法，在大量阅读国内外文献资料的基础上，以笔者多年来对全球营销原理、国际市场营销理论的理解以及国内外学者在该领域的研究成果为主要依托，并以国内外典型企业的国际营销实践为借鉴，探索适合山东省中小企业国际营销的战略和策略。本书主要运用了以下研究方法。

## 一、文献研究法

通过检索 Elsevier、Springer、ProQuest、中国知网、万方、维普等国内外数据库资源，在合理吸收和借鉴相关研究成果的基础上构建本书研究的理论基础。此研究方法一方面体现在中小企业国际营销的国内外文献梳理中，即通过对文献成果的述评，总结已有的研究成果对于中小企业国际营销的借鉴性与局限性，为本书研究奠定文献基础；另一方面体现在山东省中小企业国际营销研究的理论基础中，通过对国际市场营销理论、中小企业生存与发展理论以及企业竞争理论进行梳理与总结，为本书研究奠定理论基础。

## 二、案例分析法

针对研究主题的需要，本书对国内外中小企业开展国际营销的典型案例进行分析，了解和掌握这些企业国际营销活动的开展情况，从个案中探索中小企业国际营销活动的内在规律，并进一步总结形成一套中小企业国际营销发展模型，从而为山东省中小企业从事国际营销活动提供模式与借鉴。

## 三、演绎推理法

本书以国际市场营销理论、中小企业生存与发展理论以及企业竞争理论为理论基础，在分析山东省中小企业国际营销现状的基础上，提出适合山东省中小企业国际营销的战略与策略选择，将一般理论应用于特定领域研究中，实现了从一般到特殊的演绎推理过程。

# 第二章　山东省中小企业国际营销研究的理论基础

　　通过对山东省中小企业开展国际营销的理论基础进行论述，了解目前学术界已经取得的研究成果以及学科发展前沿，明确国内外相关理论的具体内容，能够使本书的研究工作具有扎实的理论功底，并进一步明确研究目的与意义。该部分主要是对国际市场营销理论、中小企业生存与发展的合理性理论以及企业竞争理论等进行梳理总结，为后续提出山东省中小企业国际营销战略和策略奠定坚实的理论基础。

## 第一节　国际市场营销理论

　　国际市场营销理论是本书研究的最基本的理论基础。国际市场是相对于本国市场而言的，与本国市场共同构成了企业的目标市场，国际市场营销是市场营销跨出国门、走向国际市场的结果：一方面，国际市场营销是市场营销的一个分支，遵循市场营销的基本规律，接受市场营销基本理论的指导；另一方面，国际市场营销具有特殊性，有其自身的内在规律，国际市场营销理论超越市场营销基本理论而自成体系。

## 一、国际市场营销的特殊性

国际市场营销是指企业跨越国界，在全球范围内进行商品、服务、技术等交换活动并满足国际目标市场的需求以获得利润而开展的市场营销活动，在空间上表现为本土市场向国际市场的延伸。总体来讲，根据企业国际市场营销活动由低到高的发展过程，国际市场营销可分为三类：一是出口市场营销。以本国市场为主的企业，由于国内市场需求趋于饱和状态，而企业的生产能力过剩，故而将剩余生产能力转向国外，通过产品出口的形式进入国际市场。二是国际市场营销。随着出口营销活动的深入，企业把国际市场作为自己的主要目标市场，并针对不同国家的目标市场分别采取不同的市场营销策略，满足国际市场顾客的需求以获取利润。三是全球市场营销。企业把全球市场视为一个整体，从全球角度配置资源，考虑营销战略和策略，统一开展营销活动，实现利润最大化。

与传统市场营销相比，国际市场营销具有三个典型的特点。

（一）企业面临的外部环境更加复杂

由于不同国家的自然环境、地理位置、文化习俗、经济发展、政治体制、法律法规等因素存在一定的差异，各国的国际市场营销环境是不同的。而大环境的变动往往对企业来说也许是风云骤变，因此企业面临经营风险更大，更加需要时刻掌握世界各国经济发展动态以及政局变化等情况。

（二）企业应对的市场竞争更加激烈

国内的市场营销活动往往受当地政府各种政策的保护，并且能够比较容易地了解当地目标顾客的需求和有关竞争者的信息，而当企业在国际市场上开展营销活动时，来自全球范围内的竞争者更加多元，竞争多层次、全方位，企业应对的市场竞争会更加激烈。而此时企业由于对东道国经济、政治、文化、社会等情况的不熟悉，往往难以有效掌握目标市场的需求及偏好；同时，由于产品的价格变化也会随着国际供求关系的浮动而随之发生变化，因此企业往往难以规避风险并及时采取相应的解决措施。

（三）企业需要进行更多的协调与控制活动

国际市场比国内市场竞争更为激烈，环境更加复杂，市场需求更加多元，文化差异更加明显，因此，企业营销人员在激烈的国际市场竞争中，如何采取有效的措施保障营销战略与营销策略的落地，如何使企业能够在国际市场实现利润最大化，不仅需要精准有效的营销策略，而且需要营销人员具有良好的组织协调能力以及风险管控能力。

## 二、国际市场营销的渐进性

市场开拓是一个由点到线、再到面的过程，企业国际市场营销活动是一个循序渐进的过程，其渐进性主要表现在以下两个方面：第一，空间范围的渐进性。通常遵循"本地市场→地区市场→国内市场→相邻国际市场→全球市场"的扩张路径。第二，营销方式的渐进性。一般遵循"国内经营→通过代理商对外出口→直接对外出口→成立国外销售子公司→建立国外生产企业"的扩张路径。从这一演变过程可以看出，随着企业国际化进程的不断深入，人财物等资源投入会不断增加，企业对国际市场的开拓、占有能力也在不断增强。

国际市场营销活动的渐进性与企业对国际市场的了解程度密切相关。当企业对市场缺乏了解时，厌恶风险的本能使其将对国际市场的投入降至最低点，此时企业国际市场营销处于试探阶段；经过一段时间的营销活动后，企业加深了对国际市场的了解，将更多的资源投向国际市场，国际市场在企业中的地位越来越重要；同时，企业利用掌握的市场信息进行国际投资决策，推动国际市场营销活动进一步发展。企业国际市场营销进程一般遵循这一渐进过程，但不排除存在例外的情况，如企业对于相似或相近的国际市场时，可以利用在其他国际市场获得的经验，跨过上述某些阶段；又如当企业资金规模较大，实施国外投资对其而言微不足道时，也可以跨过上述某些阶段。

### 三、国际目标市场营销理论

国际目标市场营销主要包含三个步骤，即市场细分（Market Segmenting）、目标市场（Market Targeting）、市场定位（Market Positioning），它们构成了企业国际营销战略的核心三要素，被称为STP营销。所有的国际营销战略都是建立在STP基础之上的。

（一）国际市场细分

国际市场细分是指将国际整体市场按照一定的标准划分为多个顾客需求大致类同的顾客群体所组成的细分市场，不同的细分市场顾客需求存在一定的差异，而同一个细分市场的顾客具有相同或相似的需求。国际市场细分是企业选择目标市场的基础和前提条件。国际市场细分主要包括两个步骤：首先在不同国家之间进行市场细分，即企业将全球市场按照既定的细分标准划分为若干个国家市场，从而作为目标市场选择的基础；其次是在选定的国家市场内部进一步进行细分，即当企业决定进入某一国家市场后，进一步将该市场进行细分，选择一个或多个子市场作为目标市场。

（二）国际目标市场选择

国际目标市场选择是指企业在对国际整体市场进行细分后，根据自身条件和特点，决定要进入的细分国际市场。通常企业采用的国际目标市场选择战略主要包括：①无差异性目标市场战略。该战略是指企业将整个市场作为目标市场，推出一种产品，实施一种营销组合策略，以满足整个市场尽可能多的顾客的某种共同需求。②差异性目标市场战略。该战略是指企业对整体市场进行细分后，根据自身的资源及营销实力选择两个或者两个以上细分市场作为目标市场，并为各目标市场分别制定不同的市场营销组合策略，力图满足多种顾客不同的需求。③集中性目标市场战略。该战略是指企业在对整体市场进行细分后，选择一个或少数几个细分市场或一个细分市场的一部分作为目标市场，集中企业全部资源为其服务，实行专门化生产和营销。

（三）国际目标市场定位

国际目标市场定位是指在国际目标市场选择的基础上，企业根据目标市场的需求和竞争者的情况来为其产品进行适当定位。国际目标市场定位主要包括三种方式：①正向市场定位（根据所生产的产品属性或顾客所追求的利益，确定自身产品的市场地位）与逆向市场定位（根据竞争对手所生产的产品特性，确定自身产品的市场地位）。②迎头市场定位（选择与竞争对手相同或相似目标市场的市场定位）与避强市场定位（避开与竞争对手的直接对抗，将企业定位于目标市场的空白领域）。③重新市场定位（企业对所生产的产品重新进行市场定位，从而改变目标顾客对当前产品的印象）。

**四、国际市场营销组合理论**

20 世纪 50 年代中期，尼尔·鲍顿首先提出"市场营销组合"理论，他指出，在当前的市场经济环境下，企业存在着"可控"和"不可控"两类基本营销要素，为了实现利润最大化，企业应该对其中的可控营销要素中的某几种要素进行搭配，从中挑选与企业相匹配的营销要素组合并加以运用。杰罗姆·麦卡锡在尼尔·鲍顿确立的营销要素的基础上进一步归纳与总结，于 1960 年在其著作《基础营销》一书中提出以 4 个营销要素（产品、价格、渠道和促销）为基础进行营销策略组合。20 世纪 60 年代末期，菲利普·科特勒在其著作《营销管理：分析、规划和控制》中，以营销要素组合理论为基本原理，进一步深化对营销要素组合的研究。在此之后，营销要素组合理论在理论界与实务界获得广泛的认可并且得到迅速的传播。

营销要素组合理论是站在企业管理者的角度归纳了营销活动中的四个可控因素，即产品（Product）策略、价格（Price）策略、分销（Place）策略和促销（Promotion）策略，形成了 4P 营销策略组合。企业管理层通过对外部市场环境等不可控因素进行分析，根据自身实际情况，制定与外部市场环境相适应的具体营销策略组合，以实现利润最大化的目标。值得说明的是，在 4P 营销策略组合中，每一要素策略中又包含着众多不同层次的营销因素，哪怕只有任一微小营销因素发生变化，其 4P 营销策略组合的实施效果便可能有着"失之毫厘，谬以千里"的差距。因此，企业若想精准实现其预期目标，就必须对可控因素进行细分操控。

随着时代发展与全球经济形势发生改变，4P 营销策略组合理论得到了新的发展，在此基础上拓展了 6P、12P 等营销理论，并也延伸应用于国际市场、服务市场和网络市场等多个市场领域。作为多项营销理论的基础理论，4P 营销策略组合仍然被本书作为研究的理论基础和研究的框架体系。

（一）国际市场产品策略

国际市场产品策略是指企业为满足国际目标市场需求而生产的产品或提供的服务，强调产品或服务的功能及相应的特点。产品策略的可控因素主要包括产品的外形、使用的材料、包装、规格、用途、品牌等。产品策略作为营销要素组合中的首要因素，也是营销策略组合的核心策略，其变化情况关系到其他营销因素和策略的决策。

1. 国际市场产品整体概念

菲利普·科特勒对国际市场产品策略提出了五层次的产品整体概念，从内向外依次为核心产品、形式产品、期望产品、延伸产品和潜在产品，如图 2 - 1 所示。

核心产品是指产品的基本效用或为顾客提供的基本利益，通过完成对产品本质的功能确定和设计，用以满足顾客的基本要求。形式产品是指产品的品质、特色、式样、商标和包装等，强调顾客能够识别出的产品的形状与外观。期望产品是指顾客在购买产品时期望得到的与产品密切相关的一整套属性和条

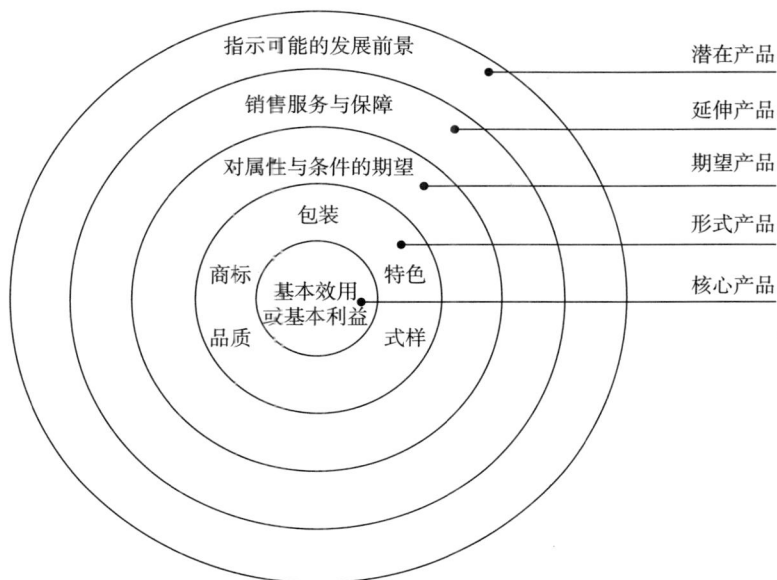

**图 2 - 1　产品整体概念示意图**

件。延伸产品是指顾客购买产品时，附带获得的各种利益的总和。潜在产品意味着现有产品在未来的发展前景。产品整体概念的五个层次是建立在"需求＝产品"等式基础之上的，体现了以顾客为中心的现代营销观念。产品整体概念让企业在制定产品策略时，能够有一个整体的指引思路，从而使产品能够带来更加广阔的利润空间，不断满足日益增长的消费需求和应对日益加剧的市场竞争。

2. 国际市场产品的标准化与差异化策略

国际市场产品标准化策略是指在不同的国际市场上，企业以标准化的形式向所有目标市场提供相同的产品。首先，生产单一的产品有利于企业的统一管理与集中仓储，产品的标准化有助于企业实现规模经济，降低企业成本；其次，产品的标准化能够大幅度降低研发资源的投入，也可便于在全球范围内统一推广，降低市场推广费用；最后，由于产品种类较少，易于辨别，产品标准化能够帮助国际市场的顾客精准识别企业生产的产品，提高顾客对品牌的认可度。但是，在企业开辟国际市场时，面对不同国家、不同地区消费需求的多样化，为了最大限度上满足市场需求，企业不得不实施国际市场产品差异化策略。国际市场产品差异化策略是指企业在不同国家或地区市场上，根据目标市场消费者偏好不同、消费习惯存在差异等因素，提供不同的产品，以提高消费者的满意度。产品差异化策略不可避免地会给企业带来额外的研发与推广等方面的投入。

因此，究竟选择国际市场产品标准化策略还是选择国际市场产品差异化策略，需要企业对投入与产出进行比较。同时，企业还需要考虑市场差异、产品性质、使用条件、东道国的政治文化因素等方面的影响。

（二）国际市场价格策略

国际市场价格策略是指企业根据在国际目标市场的市场定位以及企业自身的品牌价值，对所生产产品或提供服务进行合理定价。价格策略是营销策略组合体系中非常灵活、非常敏感的策略。企业在对产品进行定价时，需要考虑的影响要素较多。首先，需要考虑成本要素。在国际市场营销活动中，会有诸多成本和费用的产生，最常见的是企业固定成本，除此之外还有变动成本，如运输费用、保险费用、外汇汇率浮动、关税以及中间商费用等成本。其次，市场的需求情况也会对产品价格的确定产生影响。由于各国经济发展程度不一致，产品生命周期存在差异性，国际市场需求也会发生相应变化，从而国际市场价格策略也需进行调整。最后，国际市场竞争的激烈程度也会对产品定价产生影响。在竞争对手较少的情况下，企业通常拥有较大的定价主动权；反之，在竞争激烈的情况下，企业对产品价格的确定往往受到竞争对手的牵制。除此之外，还有许多其他因素也会影响产品定价，如各国政府保护性定价政策、国际货币价值波动、专利许可协议等。

1. 定价方法

通常情况下，国际市场定价方法主要包括需求导向定价法、成本导向定价法以及竞争导向定价法。其中，需求导向定价法是以消费市场需求为导向，根据消费者对产品价格的可理解程度或可接受程度，对产品价格进行合理确定。这一方法对市场具有非常好的适应性，但对企业自身的资源利用以及成本耗费等因素的考虑欠缺。成本导向定价法是以成本耗费为导向，便于企业成本核算且易于实施。但是在实际操作时，该方法受到竞争情况、市场需求以及政府法规政策等因素的影响，产品价格也会随之发生变化。竞争导向定价法是以市场的供求变化为导向，根据竞争对手对产品的定价来确定企业产品的定价，从而能够大大提高产品在市场上的适应能力。但是该方法容易忽略其他营销策略可能造成产品差异化的竞争优势，以及可能导致恶性降价竞争，使企业利润降低甚至毫无利润。

2. 定价策略

（1）折扣定价策略。在国际市场营销活动中，为充分鼓励客户在淡季购买或批量购买产品，企业通常会采取折扣定价策略。常见的折扣定价策略包括数量折扣、现金折扣、季节性折扣以及功能性折扣。其中，数量折扣是指根据顾客购买产品数量的多少而为顾客提供相应的价格优惠；现金折扣是指根据顾客选择的付款条件为其提供价格优惠；季节性折扣主要针对具有明显的季节性特征的产品，为满足企业正常生产与销售，在产品处于淡季时以较为优惠的价格售出，从而鼓励顾客提前购买；功能性折扣是指鼓励顾客以折扣的形式承担企业的某些业务功能，例如广告、商品展示和促销、产品运输和仓储，以减轻企业的工作量，促进业务增长。

（2）心理定价策略。不同国家或地区之间的经济发展程度不同，不同消费者的收入水平以及年龄与职业也存在差异，消费者的消费心理难免会有所不同。因此，根据消费者不同的心理特征，选择相适应的定价策略满足目标市场的需求。心理定价策略主要包括数字技巧法、价格质量法与比较定价法。其中，数字技巧法主要是基于消费者更偏向于精确的价格，从而根据消费者对数字的敏感性与接受程度确定产品价格的方法；价格质量法是指通过对产品设定一个较高的价格从而向市场传递企业产品的高质量等信号；比较定价法是指企业通过建立自我参考系，将相似的产品以不同的价格进入同一市场，在与高价产品的对比中增强消费者购买低价产品的欲望。

（3）新产品定价策略。新产品上市，企业常使用三种定价策略，即撇脂定价、渗透定价和满意定价。许多企业在推出新产品后，在投入市场初期，将产品的价格定得很高，目的是在市场上一层一层获取收入，攫取最大利润，尽快回收投资成本。这是对市场的一种榨取，其做法犹如从奶中撇取奶油一样，因此称为撇脂定价。与撇脂定价相反，渗透定价是企业在产品上市初期，对其制定低价格，目的是力求新产品迅速、深入地打进市场，快速吸引大量的消费者，夺取市场占有的先机，并最大限度地占领市场，取得较大的市场占有率。另外还有一些企业，在新产品上市后，会本着适中原则，为产品制定一个不高不低的价格，兼顾厂商、中间商及消费者的利益，使顾客、同行及全社会都感到满意，这种定价策略就是满意定价。这三种定价策略的适用条件不同，企业要根据产品、消费者和竞争者等具体情况而选择相应的定价策略。

（三）国际市场分销策略

国际市场分销策略是指企业在国际市场上针对产品销售渠道、仓储及运输等诸多问题制定恰当的策略，达到节省企业成本、实现产品顺利销售的目的。分销实质上是将企业所生产的产品流转至终端顾客的过程，因此分销策略是企业的产品能够顺利进入市场的关键因素。这一过程通常是"生产者→中间商→顾客"。如果省去中间环节，即产品直接由生产者到顾客，为直接分销渠道；通过中间商到达顾客手中称为间接分销渠道。直接分销渠道可以加速企业资金周转，及时实现销售，而且通过与顾客的直接联系能够增加对市场的了解程度，但是，该渠道占用的人财物资源较多，扩大市场的效率也因此降低；间接分销渠道通过借助中间商的渠道、技术和资源等，大大减少了企业在销售工作上的时间和精力，能够有效提高市场占有率，但该渠道由于割裂了与顾客的联系，从而降低对市场需求变化的敏感程度，并且大大增加了流通费用。

影响企业国际市场分销策略的因素主要包括东道国的顾客特征和竞争者情况、企业目标、产品属性、资本积累、成本耗费、市场覆盖率、企业控制能力和渠道成员沟通情况等。在国际市场营销活动中，由于不同国家或地区的市场环境差异较大，因此，产品分销通常通过中间商来完成，在建立分销渠道时，中间商是一个非常关键的因素。企业需要对不同中间商的优势与特点进行权衡，正确选择合作伙伴，并充分比较不同分销渠道的市场覆盖率、分销效率、人力资源等各方面，综合产品、目标市场与东道国等因素从而选择最适合企业的中间商。

国际市场分销渠道建立并运行一段时间后，企业需要对中间商进行考核和评估，如果在分销过程中出现冲突、效率低下或评估结果差的现象，企业应及时调整分销策略。科学的管理与控制能够有效提高中间商与顾客的满意度，淡化渠道冲突的同时提高销售效率，这关系着企业国际经营活动的兴衰成败。

（四）国际市场促销策略

国际市场促销策略是指企业以与国际市场目标顾客沟通、扩大产品销量为目的而制定的相应策略。促销是企业在市场上采用各种沟通方式和手段向顾客传递产品或服务及企业信息，实现双向沟通，使顾客对企业及其产品或服务产生兴趣、好感与信任，进而做出购买决策的各种活动。企业采用的促销策略主要包括两种：其一是推动策略，主要面向对象为中间商，通过推销人员的工作，把产品推进分销渠道，然后由中间商推向最终消费者；其二是拉引策略，主要面向对象为最终消费者，通常利用广告、营业推广以及公共关系等手段刺激消费者产生兴趣和购买欲望，以此拉引中间商经销企业的产品。

国际市场促销活动的方式与国内市场一样，有直接促销和间接促销两种。直接促销主要是人员推销，间接促销主要是非人员推销，包括广告促销、营业推广和公共关系三种方式。其中，人员推销是指通过销售人员与消费者、中间商等进行双向互动的方式，该方式能够直接获得信息反馈，并及时对促销的结果进行评估，同时还可以与消费者、中间商建立长期的合作关系，产生较好的营销效果；广告作为一种大众化的促销方式，有着非常广的覆盖面和受众，而且具有极强的渗透力；营业推广的方式则较为丰富，包括代金券、有奖销售、赠送样品、产品演示或展示等方式，能够产生更迅速的短期促销效果；公共关系虽然是一种"软"的促销活动方式，但其可靠性和真实性对促销效果的影响却是非常显著的。在国际市场营销活动中，还有其他促销方式，如交易会、博览会、贸易代表团等。

产生于 20 世纪中叶的 4P 营销策略组合理论，经过了半个世纪的沉淀、深化与升华，广泛而深刻地影响了企业的营销活动，被营销人员奉为圭臬。随着该理论在实践中的广泛应用，目标市场选择与确定、产品策略、价格策略、分销策略以及促销策略等成为企业最基本的营销手段。企业虽然无法掌控外部环境带来的机会或威胁，但却可以通过自身的决策实现对内部因素的管理与控制，进而有效开展营销策略组合等一系列营销活动，实现企业的经营目标。营销策略组合并非静止的，而是处在不断发展变化中，每一营销策略的任一构成因素（见表 2-1）发生改变，便能够产生一个新的营销策略组合，进而产生不同的营销效果。

表 2-1　营销策略组合的构成因素

| 产品策略 | 价格策略 | 分销策略 | 促销策略 |
| --- | --- | --- | --- |
| 外观 | 标价 | 中间商的地理分布 | 人员推销 |
| 材料 | 折扣 | 仓储条件 | 广告 |

| 产品策略 | 价格策略 | 分销策略 | 促销策略 |
| --- | --- | --- | --- |
| 用途 | 返利 | 运输方式 | 销售促进 |
| 包装 | 批发价格 | 网点设置 | 公共关系 |
| 商标 | 零售价格 | 销售渠道 | 直销 |

### 五、市场营销的新概念和新领域

随着经济的不断发展和市场竞争的日趋激烈，企业的市场营销活动呈现多元化创新发展趋势，市场营销的新概念与新领域不断涌现。笔者重点介绍一些与国际市场营销相关的新概念和新领域，以更全面地为本书的研究工作奠定坚实的理论基础。

（一）全球营销

1983 年，西奥多·莱维特在《全球化的市场》一文中提出了"全球营销"的概念。他认为，过于强调对各个当地市场的适应性，将导致生产、分销和广告方面规模经济的损失，呼吁多国公司向全世界提供一种统一的产品，并采用统一的沟通手段。这一观点引起了激烈的争论。

全球营销是指企业通过全球性布局与协调，使其在世界各地的营销活动一体化，以便获取全球性竞争优势。全球营销有三个重要特征，即全球运作、全球协调和全球竞争。因此，开展全球营销的企业在评估市场机会和制定营销策略时，不能以国界为限，而应该放眼于全球。企业在全球采用统一的标准化营销策略，前提条件是各国市场具有相似性、规模经济性等优点。

世界经济环境已发生了深刻的变化，产业、市场、顾客、竞争日趋全球化，这些作为外因促成了全球营销的产生与发展。全球营销的根源并不在于企业是否是国际化企业，而在于现在企业面临着产品和服务的全球化流动，以及有全球选择意识的消费者，所以无论是国际化企业还是国内本土化企业，都应树立全球营销的观念。

（二）大市场营销

1986 年，菲利普·科特勒在《哈佛商业评论》发表了《论大市场营销》一文，提出了"大市场营销"的概念，即在原来的 4P 组合的基础上，增加两 P，即政治力量（Political Power）和公共关系（Public Relations）。他认为 21 世纪的企业还必须掌握另外两种技能：一是政治权力，企业必须了解其他国家的政治状况，懂得怎样与其他国家打交道，才能有效地向其他国家推销产品；二是公共关系，企业必须懂得公共关系，知道如何在公众中树立企业的良好形象，才能占领国际市场和扩大销售。大市场营销是在贸易保护主义回潮和政府加强对贸易干预的背景下提出来的，也就是说，企业要运用政治力量和公共关系，打破国际市场上的贸易壁垒，为市场营销活动开辟道路。这一概念的提出，是 20 世纪 80 年代市场营销战略思想的新发展。

（三）绿色营销

随着人们环保意识的增强以及世界各国对环境保护的重视，越来越多的企业认识到传统营销观念和营销方法已很难适应环保时代企业营销的特点和要求，绿色营销已成为企业营销发展的必然趋势之一。绿色营销是指企业在营销活动中充分体现环保意识，采取无污染或少污染的生产和销售方式，向消费者提供无污染、有利于节约资源和保护生态环境的商品和服务，引导并满足消费者环保及身心健康的消费需求。绿色营销实质上是企业追求经济效益、社会效益和环境效益的有机结合。绿色营销并不单纯是销售问题，它既包括绿色产品本身，还包括绿色生产、绿色价格政策、绿色产品专卖店等，因此"绿色"要求涵盖产品的选料、生产、加工、包装、储运，甚至是消费全过程。目前，世界各国对环境保护的要求越来越严格，许多企业纷纷为自己的产品及其企业争取适应环境保护的标签，以此作为一种市场营销手段来销售产品和开拓市场。

（四）品牌营销

品牌是企业的一种符号或标志。把企业的信誉、文化、产品、质量、技术、潜力等重要信息凝练成一个品牌符号，着力塑造其广泛社会知名度和美誉度，并烙印到公众心里，使产品随品牌符号走入消费者心里，进而促进消费者选择购买企业产品，这个过程就是品牌营销。企业只有拥有较高的品牌知名度和美誉度，才能具备更强的市场竞争力，减少拓展市场耗费的资源，推动消费者以更短的时间熟悉并接受产品。从一般意义上讲，产品竞争要经历产量竞争、质量竞争、价格竞争、服务竞争到品牌竞争，前四个方面的竞争其实就是品牌营销的前期过程，当然也是品牌竞争的基础。品牌营销竞争的核心是品牌价值的竞争，如何提升和传递品牌价值就成为品牌营销的关键。

当企业开拓国际市场而进行品牌的归属决策时，应当根据目标市场和企业的实际情况正确做出使用制造商品牌、中间商品牌或混合品牌的抉择。国际市场品牌决策包含了诸多策略，诸如双品牌策略、多品牌策略、全球统一品牌策略、全球联合品牌策略、签注式品牌策略以及品牌隐身策略等。其中，双品牌策略是指企业生产的产品采用主副品牌的模式，从而使品牌更加富有个性化特征；多品牌策略是指企业针对不同的产品采用不同的品牌名称，该策略有助于深入开拓国际细分市场；全球统一品牌策略是指企业的产品都使用统一品牌，虽具有"一荣俱荣"的优势，却也具有"一损俱损"的弊端；全球联合品牌策略是指多个企业通过战略联盟的形式，使用共同的品牌实现优势互补与合作共赢；签注式品牌策略是指企业生产的产品不仅有独立的产品品牌，而且附加了母公司的品牌；品牌隐身策略是指企业为突出产品的品牌名而刻意隐藏企业的品牌名，主要目的是区分产品的档次。

（五）网络营销

互联网的出现带来了营销领域的历史性变化——网络营销的诞生，著名营销大师菲利普·科特勒称其为21世纪的营销。简单地说，凡是企业以互联网为主要手段，为实现一定营销目标而开展的营销活动，都可称为网络营销。网络营销专家冯英健（2001）提出，网络营销是企业整体营销战略的一个组成部分，是为实现企业总体经营目标所进行的，以互联网为基本手段营造网上经营环境的各种活动。随着网络营销环境的发展变化和对网络营销认识的深化，冯英健（2016）又重新对网络营销进行定义：网络营销是基于互联网络及社会关系网络连接企业、用户及公众，向用户及公众传递有价值的信息和服务，为实现顾客价值及企业营销目标所进行的规划、实施及运营管理活动。

随着互联网应用的普及，特别是移动互联网技术的发展，网络营销已经被企业广泛采用，成为企业主要营销活动之一。网络营销具有跨时空、多媒体性、交互性、个性化、经济性和针对性等特点。网络营销的方法主要有企业网站营销、搜索引擎营销、E-mail营销、博客营销、微博营销、微信营销、视频营销等。网络营销的基本职能有网络品牌、网站推广、信息发布、销售促进、网上销售、顾客服务、顾客关系、网上调研等。网络营销活动不可能脱离一般营销环境而独立存在，在很多情况下，网络营销理论是传统营销理论在互联网环境中的应用和发展。网络营销不能取代传统营销，二者相互补充，相得益彰，有机融合于企业的营销活动中。

（六）关系营销

1985年，美国学者巴巴拉·本德·杰克逊提出了关系营销的概念。关系营销是把营销活动看成一个企业与消费者、供应商、分销商、竞争者、政府机构及其他公众发生互动作用的过程。正确处理企业与这些组织及个人的关系是企业营销活动的核心，是企业经营成败的关键。其实质是在交易的基础上建立非交易关系，以确保交易关系能够持续建立和发生。在交易市场营销下，除产品和企业的市场形象之外，企业很难采取其他有效措施与顾客保持持久的关系；在关系市场营销下，企业与顾客保持广泛、密切的关系，价格不再是最主要的竞争手段，竞争者很难破坏企业与顾客的关系。交易市场营销强调市场占有率，营销人员需要花费大量费用吸引潜在顾客购买；关系市场营销则强调顾客忠诚度，保持老顾客比吸引新顾客更重要。关系营销的最终结果将为企业带来一种独特的资产——市场营销网络。

（七）文化营销

深厚内涵且有底蕴的文化，不仅能够引起消费者共鸣，更能体现产品特点和服务品质，丰富品牌内涵，提升企业形象。简单地说，文化营销是利用文化力进行营销，是指把商品作为文化的载体，通过市场交换进入消费者的意识，在一定程度上反映了消费者对物质和精神追求的各种文化要素。文化营销既包括浅层次的构思、设计、造型、装潢、包装、商标、广告、款式等，也包含对营销活动的价值评判、审美评价和道德评价。它包括三层含义：第一，企业需借助于或适应于不同特色的环境文化开展营销活动；第二，文化因素需渗透到市场营销组合中，综合运用文化因素，制定出有文化特色的市场营销组合；第三，企业借助产品，将自身的企业文化推销给广大的消费者，使产品能够更好地被广大消费者所接受。

（八）差异化营销

随着买方市场的形成，市场竞争日趋激烈，而越来越多的产品出现同质化时，差异化营销已成为企业生存与发展的一件必备武器。著名战略管理专家迈克尔·波特是这样描述差异化战略的：当一个公司能够向客户提供一些独特的、其他竞争对手无法替代的、对客户来说其价值不仅仅是一种廉价商品时，这个公司就把自己与竞争厂商区别开来了。差异化营销是指企业通过提供独特的产品特色以及品牌形象、产品附加特性和个性化服务等来增加产品附加值，使消费者能够愿意支付较高的价格购买产品的战略。对于一般商品来讲，差异总是存在的，只是大小强弱不同而已。而差异化营销所追求的"差异"是产品的"不完全替代性"，即企业凭借自身的技术优势和管理优势，生产出在性能、质量上优于市场上现有水平的产品；或是在营销方面，通过有特色的宣传活动、灵活的推销手段、周到的售后服务等，在消费者心目中树立起不同一般的形象。

（九）体验营销

1998 年，美国学者约瑟夫·派恩和詹姆斯·吉尔摩在《体验经济时代来临》一文中首次提出"体验营销"这一概念。体验营销是指通过运用听、看、用、参与等手段，充分调动消费者的感官、情感、思考、行动、联想等感性因素和理性因素，塑造消费者的感官、感情的体验与思维的认同，重新定义、设计的一种思考方式的营销方法。与传统的营销方式相比，体验营销关注的焦点不在于产品的特点、性能及独特价值，而重点在于顾客的体验，重视消费者在购买及消费过程中的感觉、视觉、听觉、味觉等感官体验，它要求企业站在消费者的角度去领悟消费者的购买理念、购买程序、购买心理和购买原动力。体验营销是在服务经济发达的市场环境基础上，逐步发展体验经济而催生的一种营销模式。20 世纪 80 年代，消费者关注的还是品牌和商品本身；而进入 90 年代，消费者开始超越商品本身，转而追求有价值的品牌体验。

# 第二节　中小企业生存和发展的理论

## 一、中小企业的界定标准

由于不同国家的经济发展程度不同，中小企业的发展水平也存在差异，因而各国对中小企业的界定标准也不尽相同。本节通过对国内外中小企业界定标准进行对比，以此了解我国中小企业与国外中小企业之间存在的差异。

（一）国外对中小企业的界定标准

各国对中小企业的界定标准总体呈现出多元且动态变化的趋势。一般而言，世界各国主要从定性与定量两个维度来对中小企业进行界定。其中，定性标准主要从企业的组织结构、融资方式以及所处的行业地位等方面进行界定；定量标准主要从员工人数、资产总值以及营业收入、实收资本等方面来进行界定。与定性指标相比，定量指标更加直观，数据获取也相对容易。因此，大多数国家通常采取定量的标准对中小企业进行划分（见表2－2）。当然，也有部分国家采取定性标准对中小企业进行界定（见表2－3）。

**表2－2 世界主要工业国家中小企业划分的定量标准**

| 国家或地区 | 定量标准 |
| --- | --- |
| 美国 | 从业人员不超过500人 |
| 英国 | 小制造业：从业人员在200人以下 |
| | 小建筑、矿业：从业人员在25人以下 |
| | 小零售业：年销售收入在18.5万英镑以下 |
| | 小批发业：年销售收入在73万英镑以下 |
| 欧盟 | 从业人数在250人以下且年产值不超过4000万欧元，或者资产年度负债总额不超过2700万欧元且不被一个或几个大企业持有25%以上的股权 |
| 日本 | 制造业：从业人员在300人以下或资本额3亿日元以下 |
| | 批发业：从业人员在100人以下或资本额1亿日元以下 |
| | 零售业：从业人员在50人以下或资本额5000万日元以下 |
| | 服务业：从业人员在100人以下或资本额5000万日元以下 |

资料来源：笔者根据相关资料整理。

**表2－3 部分国家或地区中小企业划分的定性标准**

| 国家或地区 | 划分标准 |
| --- | --- |
| 美国 | 1. 独立所有<br>2. 自主经营<br>3. 在同行业中不占垄断地位 |
| 加拿大 | 1. 独立所有<br>2. 无大公司管理结构特征<br>3. 在其经营领域不占垄断地位 |

| 国家或地区 | 划分标准 |
|---|---|
| 德国 | 1. 独立所有<br>2. 所有权和经营权统一<br>3. 对企业进行个人或家庭式管理<br>4. 非其他企业的下属单位<br>5. 不能从资本市场直接融资<br>6. 经营者自担风险 |
| 英国 | 1. 市场份额较小<br>2. 所有者依据个人判断进行经营<br>3. 所有者独立于外部支配 |
| 以色列 | 业主亲自执行大部分或全部管理职能 |
| 印度尼西亚 | 1. 利用家庭劳动力<br>2. 分工程度低<br>3. 劳动成本低<br>4. 采用简易的资本手段<br>5. 利用当地金融资本<br>6. 生产场所紧靠住宅 |

资料来源：根据林汉川和魏中奇（2000）的文献整理。

（二）我国对中小企业的界定标准

自新中国成立以来，我国中小企业的划分标准发生过数次变动，最近一次变动发生在2017年12月28日。根据国家统计局《统计上大中小微型企业划分办法（2017）》，按照行业门类、大类、中类和组合类别，依据从业人员、营业收入、资产总额等指标或替代指标，将我国的企业划分为大型、中型、小型、微型四种类型。表2-4所列为我国中、小、微型企业的划分标准。

总的来说，不同国家对中小企业划分有着不同的标准，甚至同一国家不同行业的界定标准也不尽统一，显然，这与一个国家的经济发展程度以及行业发展规模等自身性质密切相关。但无论界定标准如何不同，各国将中小企业显著特点作为界定标准是存在共识的。中小企业规模相对较小，在组织发展、资金

### 表 2-4　我国中、小、微型企业划分标准

| 行业名称 | 指标名称 | 计量单位 | 中型 | 小型 | 微型 |
|---|---|---|---|---|---|
| 农、林、牧、渔业 | 营业收入（Y） | 万元 | 500≤Y<20000 | 50≤Y<500 | Y<50 |
| 工业 | 从业人员（X） | 人 | 300≤X<1000 | 20≤X<300 | X<20 |
| | 营业收入（Y） | 万元 | 2000≤Y<40000 | 300≤Y<2000 | Y<300 |
| 建筑业 | 营业收入（Y） | 万元 | 6000≤Y<80000 | 300≤Y<6000 | Y<300 |
| | 资产总额（Z） | 万元 | 5000≤Z<80000 | 300≤Z<5000 | Z<300 |
| 批发业 | 从业人员（X） | 人 | 20≤X<200 | 5≤X<20 | X<5 |
| | 营业收入（Y） | 万元 | 5000≤Y<40000 | 1000≤Y<5000 | Y<1000 |
| 零售业 | 从业人员（X） | 人 | 50≤X<300 | 10≤X<50 | X<10 |
| | 营业收入（Y） | 万元 | 500≤Y<20000 | 100≤Y<500 | Y<100 |
| 交通运输业 | 从业人员（X） | 人 | 300≤X<1000 | 20≤X<300 | X<20 |
| | 营业收入（Y） | 万元 | 3000≤Y<30000 | 200≤Y<3000 | Y<200 |
| 仓储业 | 从业人员（X） | 人 | 100≤X<200 | 20≤X<100 | X<20 |
| | 营业收入（Y） | 万元 | 1000≤Y<30000 | 100≤Y<1000 | Y<100 |
| 邮政业 | 从业人员（X） | 人 | 300≤X<1000 | 20≤X<300 | X<20 |
| | 营业收入（Y） | 万元 | 2000≤Y<30000 | 100≤Y<2000 | Y<100 |
| 住宿业 | 从业人员（X） | 人 | 100≤X<300 | 10≤X<100 | X<10 |
| | 营业收入（Y） | 万元 | 2000≤Y<10000 | 100≤Y<2000 | Y<100 |
| 餐饮业 | 从业人员（X） | 人 | 100≤X<300 | 10≤X<100 | X<10 |
| | 营业收入（Y） | 万元 | 2000≤Y<10000 | 100≤Y<2000 | Y<100 |
| 信息传输业 | 从业人员（X） | 人 | 100≤X<2000 | 10≤X<100 | X<10 |
| | 营业收入（Y） | 万元 | 1000≤Y<100000 | 100≤Y<1000 | Y<100 |
| 软件和信息技术服务业 | 从业人员（X） | 人 | 100≤X<300 | 10≤X<100 | X<10 |
| | 营业收入（Y） | 万元 | 1000≤Y<10000 | 50≤Y<1000 | Y<50 |
| 房地产开发经营 | 营业收入（Y） | 万元 | 1000≤Y<200000 | 100≤Y<1000 | Y<100 |
| | 资产总额（Z） | 万元 | 5000≤Z<10000 | 2000≤Z<5000 | Z<2000 |
| 物业管理 | 从业人员（X） | 人 | 300≤X<1000 | 100≤X<300 | X<100 |
| | 营业收入（Y） | 万元 | 1000≤Y<5000 | 500≤Y<1000 | Y<500 |
| 租赁和商务服务业 | 从业人员（X） | 人 | 100≤X<300 | 10≤X<100 | X<10 |
| | 资产总额（Z） | 万元 | 8000≤Z<120000 | 100≤Z<8000 | Z<100 |
| 其他未列明行业 | 从业人员（X） | 人 | 100≤X<300 | 10≤X<100 | X<10 |

资料来源：根据《统计上大中小微型企业划分办法（2017）》整理。

筹集等方面与大型企业相比存在诸多的不利条件，而且在从事的行业内不占主导地位，在经营过程中，面临大型企业的竞争压力与排挤的风险也较大，在市场上属于价格的被动接受者。而各国之所以将中小企业的界定标准单独划分出来，主要是出于政府便于对其实施扶持政策，或者帮助中小企业更好地进行自我定位和自我发展。

## 二、企业进化理论

企业进化理论是指在借鉴生物学进化论思想的基础上，经济学家解释中小企业存在合理性的一种理论，主要代表人物包括马歇尔、穆勒以及潘罗斯等。最早用生物学进化论来解释中小企业存在合理性的经济学家是马歇尔，他运用进化论中的"生命周期"理论，说明企业存在一个产生、发展与消亡的过程，企业衰退后被其他企业所代替是商界的自然法则。而进化论中的核心思想"物竞天择、适者生存"则被穆勒所引用，用以强调企业对外界环境的适应能力，认为大企业虽具备大规模经营带来的竞争优势，但未必在所有场合都能超越中小企业，适应能力强是中小企业生存的根本原因。

## 三、不完全市场理论

20 世纪 30 年代初期，张伯伦和罗宾逊夫人分别对传统经济学思想下的完全市场假设提出了疑问，认为现实中的市场竞争是一种不完全竞争或垄断竞争的形式，这种不完全竞争的存在使大量中小企业得以生存和发展。其中，张伯伦强调"产品差异"对中小企业的生存具有重要的意义，正是由于产品差异的存在使中小企业具备一定的垄断优势，从而能够与大企业共存。而罗宾逊夫人认为，所有企业都会对市场价格造成不同程度的影响，只要中小企业能够发挥自身的竞争优势，同样能够对市场价格造成影响，这是不完全竞争市场条件下中小企业和大企业共存的原因。

### 四、新技术进步理论

科学技术的进步为中小企业的生存与发展带来无限商机与机遇。中村秀一郎在其著作《大规模时代的终结——多元化产业组织》中，以日本经济发展的实际情况为依据，认为科技进步推动生产力的发展是中小企业得以蓬勃发展的重要原因。卡尔松认为，科支革命能够大大降低企业生产经营的最小有效规模，能够有效降低规模经济等进入壁垒，进而帮助诸多中小企业能够进入原来难以进入的领域。阿科斯则用技术轨道的转移来阐释中小企业的产生和发展，他指出，技术的进步使传统行业日渐萎靡，大企业的规模化生产经营面对诸多的困难，而新技术革命带动了新兴行业的产生与发展，从而为中小企业的发展提供了一个前所未有的契机，拓展了其生存空间。

### 五、产业分工理论

20 世纪 60 年代中期，施太莱和莫斯通过对产业组织结构进行大数据检验分析得出结论：不同行业适用于不同规模的企业经营，并总结出适合中小企业生产经营的细分产业。日本经济学家太田一郎认为，经济部门可以分为分散型部门和集中型部门两种类型，其中，在分散型部门中，包括与大企业相关的生产资料加工和零部件生产部门或者适合多品种小批量生产的部门等，相对适合中小企业的生存和发展；在集中型部门，由于通常需要大量资金、大型设备的投入以及产品易标准化、量大且品种少，中小企业不具备优势，不适合中小企业的进入。

### 六、企业协调理论

20 世纪以来，出于中小企业在发展经济、增加就业以及鼓励竞争等方面的考虑，许多国家制定了对中小企业扶持的政策，鼓励大中小企业之间开展联合与协作，采取各种措施积极推动中小企业的发展。第二次世界大战之前，发达国家的垄断大企业通常对中小企业采取吞并、排挤与驱逐的策略与其开展竞争，而在此之后，垄断大企业开始改变竞争思路，采取扶持、利用、协作的竞争合作策略。采用这种策略，在市场的垄断核心层之外，大企业允许中小企业竞争周边层的存在，并与其进行有利共图的合作。大中小企业之间的合作协调关系为中小企业的生存与发展创造了有利的市场空间。

### 七、隐形冠军理论

1974 年，经济学家舒马赫出版了《小的就是好的》一书，从经济学理论上说明了小企业发展的独特优势。从那以后，越来越多的企业家和经济学家、管理学家逐渐意识到，小企业的确具有很多大企业不可比拟的优势，理论界也逐渐将更多的研究视角转向中小企业。1986 年，德国管理学家赫尔曼·西蒙与哈佛商学院西奥多·莱维特教授共同探讨德国出口贸易获得持续不断的成功经验，他们一致认识到：德国出口贸易的成功不能简单地归功于德国的大公司，而应该归因于德国众多的中小公司，特别是那些在国际市场上处于领先地位的中小企业。西蒙把这些优秀的小公司称为"隐形冠军"，他深信，世界上最好的公司当属这类中小公司，而不是人们所以为的大公司。

通过研究，西蒙发现，所有的这些企业都有一些共同的特点：其一，占有其产品的国际市场份额的第一或者第二的位置；其二，鲜为人知的中小公司；其三，社会知名度低的公司。这也是一名合格的隐形冠军所必须达到的标准。西蒙总结到，隐形冠军们是一群坚定不移地走他们自己认为正确道路的人，他们的很多做法和现代管理的教条格格不入，或许这正是隐形冠军们最重要的成功经验。

## 第三节 企业竞争理论

### 一、一般性竞争战略

著名战略管理大师迈克尔·波特在其所著的《竞争战略》一书中指出，"在与市场中五种竞争力量的竞争中，蕴涵着三种成功型战略：总成本领先战略、差异化战略、集中化战略"。这就是波特教授提出的三种一般性战略。

总成本领先战略要求企业必须建立起高效、规模化的生产设施，全力以赴地降低成本，严格控制生产、管理及研发、服务、推销、广告等方面的成本费用。为了达到这些目标，企业需要在管理方面对成本给予高度的重视，确保总成本低于竞争对手。差异化战略是将企业提供的产品或服务差异化，树立起一些全产业范围中具有独特性的东西。实现差异化战略可以有许多方式，如设计名牌形象，保持技术、性能特点，顾客服务、商业网络及其他方面的独特性等。集中化战略是主攻某个特殊的顾客群、某产品线的一个细分区段或某一地区市场。总成本领先战略与差异化战略都是企业要在全产业范围内实现其目标，而集中化战略的指导思想是：企业业务的集中化能够以较高的效率、更好的效果为某一狭窄的战略对象服务，从而超过在较广阔范围内竞争的对手；企业或者通过满足特殊对象的需要而实现了差异化，或者在为这一对象服务时实现了低成本，或者二者兼得，这样企业可以使其赢利的潜力超过产业的平均水平。

波特认为，企业的竞争优势在于由低成本和差异化而形成的价格竞争力和非价格竞争力，前者主要体现在原材料成本和劳动力成本的控制，后者主要体现在顾客看重的需求上，因此企业的竞争优势培育不仅要控制好原材料和劳动力等生产成本，还要在生产中重视产品质量、产品样式、产品包装、产品品牌、产品售后服务体系及产品营销渠道建设等一系列非价格因素。

## 二、价值链理论

1985 年，迈克尔·波特在《竞争优势》一书中提出了"价值链"的概念。他认为，企业的价值创造是通过一系列活动构成的，这些活动可分为基本活动和辅助活动两类，基本活动包括内部后勤、生产作业、外部后勤、市场和销售、服务等；而辅助活动则包括采购、技术开发、人力资源管理和企业基础设施等。这些互不相同但又相互关联的生产经营活动，构成了一个创造价值的动态过程，即价值链。在一个企业价值链的诸多"价值活动"中，并不是每一个环节都创造价值的。企业所创造的价值，实际上往往集中于企业价值链上某些特定的价值活动。这些真正创造价值的经营活动，就是企业价值链的战略环节。价值链理论认为，行业的垄断优势来自该行业某些特定环节的垄断优势。抓住了这些关键环节，即战略环节，也就抓住了整个价值链。

按照迈克尔·波特的逻辑，每个企业都处在产业链中的某一环节，一个企业要赢得和维持竞争优势不仅取决于其内部价值链，而且还取决于一个更大的价值系统——企业的价值链与其供应商、销售商以及顾客价值链之间的联结。这个更大的价值系统称为产业价值链。构成产业价值链的各个组成部分是一个有机的整体，相互联动、相互制约、相互依存，每个环节都是由大量的同类企业构成，上游产业（环节）和下游产业（环节）之间存在着大量的信息、物质、资金方面的交换关系，是一个价值递增过程。在新的竞争环境下，产业中的竞争不仅仅表现为单个企业之间的竞争，还表现为一条产业链与另一条产业链的竞争，一个企业集群与另一个集群之间的竞争，甚至是国与国企业之间的相互竞争。

### 三、产业集群理论

20 世纪 90 年代，迈克尔·波特率先提出全球经济下的产业集群理论，从一个全新的视角——竞争力的角度来看待和分析产业集群现象。其含义是：在特定区域中，具有竞争与合作关系，且在地理上集中，有交互关联性的企业、专业化供应商、服务供应商、金融机构、相关产业的厂商及其他机构等组成的群体，通过这种区域集聚形成有效的市场竞争，构建出专业化生产要素优化集聚洼地，使企业共享区域公共设施、市场环境和外部经济，降低信息交流和物流成本，形成区域集聚效应、规模效应、外部效应和区域竞争力。

在通过对丹麦、德国、意大利、日本、英国和美国等 10 个重要贸易国的情况进行调查后，波特教授认为国家竞争优势主要不是体现在比较优势上而是体现在产业集群上，产业集群是国家竞争优势的主要来源，国与国在经济上的竞争主要表现在产业集群上的竞争。他认为，创新既是企业竞争优势获得的根本途径，也是企业保持持续竞争能力和国家保持竞争优势的核心，而产业集群则正是企业实现创新的一种有效途径，因为产业集群本身就是一种良好的创新环境。这实际上是从竞争力的角度探讨产业集群概念，并指出"企业—产业—国家"三个层次之间竞争力的关系。

### 四、蓝海战略

蓝海战略由欧洲工商管理学院的 W. 钱·金和勒妮·莫博涅提出。该理论认为，聚焦于红海等于接受了商战的限制性因素，即在有限的土地上求胜，却否认了商业世界开创新市场的可能。运用蓝海战略，企业将视线超越竞争对手转向买方需求，跨越现有竞争边界，将不同市场的买方价值元素筛选并重新排序，从给定结构下的定位选择向改变市场结构本身转变。价值创新是蓝海战略的基石。在蓝海战略逻辑的指导下，企业不是把精力放在打败竞争对手上，而是放在全力为买方和企业自身创造价值飞跃上，并由此开创新的、无人竞争的市场空间，彻底甩脱竞争。

### 五、微笑曲线理论

1992 年，宏碁集团创办人施振荣为"再造宏碁"提出了著名的"微笑曲线"理论，以作为宏碁的战略方向。后来，施振荣先生将"微笑曲线"加以修正，推出了所谓施氏"产业微笑曲线"，以作为台湾地区各种产业的中长期发展战略方向。

微笑曲线为微笑嘴型的两端朝上的一条曲线，它将一条产业链分为三个区间，即研发与设计、生产与制造、营销与服务，其中附加值更多体现在两端，即研发与设计、营销与服务，而处于中间环节的生产与制造附加值最低（见图 2－2）。于是，生产制造环节的厂商总是不断地追求有朝一日能够走向研发设计和营销服务两端。而在国际产业分工体系中，发达国家的企业往往占据着研发与设计、营销与服务的产业链高端位置，发展中国家的厂商则被挤压在低利润区的生产与制造环节。在国际产业分工体系中走向产业链高端位置，向微笑曲线两端延伸，已成为发展中国家的制造厂商们积极追求的目标。

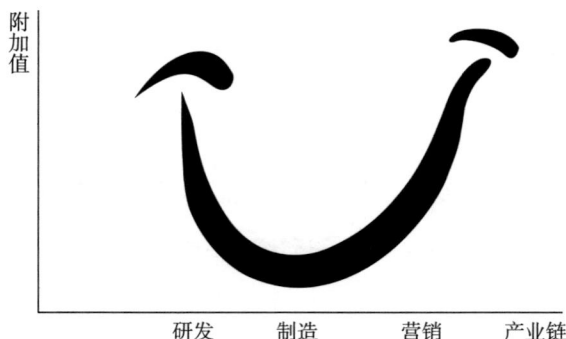

图 2－2　微笑曲线理论

## 六、长尾理论

2004 年,《连线》杂志主编克里斯·安德森提出了"长尾"（The Long Tail）这一概念,用来描述诸如亚马孙和 Netflix 之类网站的商业和经济模式。所谓长尾理论是指,只要产品的存储和流通的渠道足够大,需求不旺或销量不佳的产品所共同占据的市场份额可以和那些少数热销产品所占据的市场份额相匹敌甚至更大,即众多小市场汇聚可产生与主流市场相匹敌的市场能量。也就是说,企业的销售量不在于传统需求曲线上那个代表"畅销商品"的头部,而是那条代表"冷门商品"经常为人遗忘的长尾。

长尾理论是对 80/20 定律的颠覆,80/20 定律是指企业 80% 的利润常常是来自于 20% 最畅销的产品。按照长尾理论,那些需求不高、销售不高的 80% 产品或用户所贡献的总销售额和利润,并不一定输给那 20% 的处在头部的产品或用户,所以企业不能忽视处于长尾中的市场,而 80/20 定律则建议企业不要在长尾市场上浪费资源（见图 2–3）。

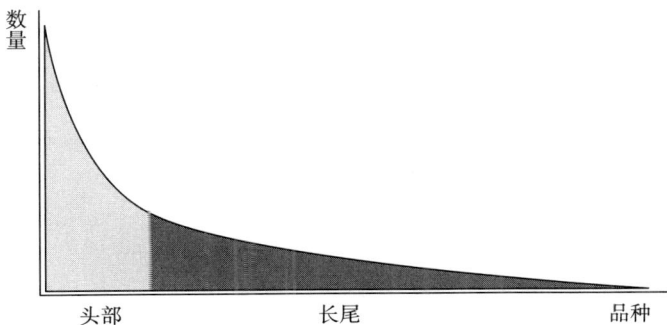

图 2–3  长尾理论模型

# 第三章　山东省中小企业国际营销发展现状分析

现实状况是战略与策略选择的立足点、出发点和归宿点。研究山东省中小企业国际营销活动，前提条件是清楚了解山东省中小企业的发展现状、国际营销发展现状，在此基础上，探讨企业开展国际营销活动的必要性和可行性，从而为山东省中小企业国际营销决策提供科学依据。

## 第一节　山东省中小企业发展现状

改革开放 40 多年来，山东省中小企业走出了一条从无到有、从小到大以及从大到强的不断成长、不断转型升级的发展道路。中小企业不仅增强了经济活力和创新能力，而且创造了大量的就业机会和财政收入，在山东省的国民经济发展中占有越来越重要的地位。

### 一、山东省中小企业良好的发展态势

近年来，在国家供给侧结构性改革和山东实施新旧动能转换重大工程的背景下，山东省中小企业呈现了良好的发展态势。在数量方面，中小企业呈现出

持续快速增加的态势。其中，2017 年 225 万家①，2018 年 261.3 万家②，2019 年 9 月底 290 万家③，位居全国前列。在经济发展方面，中小企业创造的最终产品和服务价值已经占到全省 GDP 比重的 60% 以上，全年规模以上中小工业企业增加值继续保持增长态势，涌现一批产业集群及双创示范基地，转型升级和创新驱动带来的新兴业态蓬勃发展，越发显示出支撑经济发展的活力优势和动力潜质。在促进就业方面，中小企业吸纳就业效果显著，山东规模以上中小工业企业从业人数多年保持在 500 万人之上，解决了 75% 以上的城镇就业。在财政税收和对外贸易方面，中小企业实现利税总额占全部规模工业利税总额六成左右，全省中小外贸企业占全省外贸企业总数的 98%，出口交货值占山东对外贸易主力民营企业进出口额的四成。在科技创新方面，中小企业完成 80% 左右的技术创新和新产品开发，2018 年以来在全省实施瞪羚企业和独角兽企业培育行动中，先后组织培育认定瞪羚企业 198 家、独角兽企业 2 家。

## 二、山东省中小企业存在的问题

山东省中小企业主要集中在机电、食品、纺织、化工、建材等以劳动密集型为主的传统产业，生产的产品以低附加值的低端产品为主，产品单一，技术含量较低，自主创新能力不强。企业普遍面临主营业务收入下降，利润总额、利税总额减少的问题。由于企业整体规模较小，信用能力较差，普遍存在资金紧张、融资难和融资贵的问题。企业多为家族式管理，所有权和经营权高度统

---

① 孙国茂，张登方. 山东省中小企业发展报告（2018）［M］. 北京：社会科学文献出版社，2018.

② 孙国茂，原雪梅. 山东省中小企业发展报告（2019）［M］. 北京：社会科学文献出版社，2019.

③ 山东：深入实施新旧动能转换重大工程　加快推动中小企业高质量发展［EB/OL］. http://www. miit. gov. cn/n973401/n7486690/n7486704/c7510130/content. html.

一，存在着一定的排外倾向，导致专业管理人才难以在企业中充分发挥效用。长期以来，山东省中小企业大多将关注的重点放到了低端产业链上，完全错过了互联网经济发展所带来的良好的战略机遇，转型升级进展缓慢。①

## 第二节  山东省中小企业国际营销发展现状

山东省中小企业不仅数量众多，规模不一，而且企业国际市场营销的方式多种多样，参与程度也不尽相同，因此，要深入研究山东省中小企业的国际市场营销活动，首先应该全方位了解当前山东省中小企业国际市场营销的实际情况。

### 一、山东省中小企业国际营销处于初级阶段

目前，山东省绝大多数中小企业国际营销是以产品的出口销售为主，也就是处于国际营销的初级阶段——出口营销。山东省中小企业以劳动密集型产业为主，主要出口产品集中在机电、轮胎、纺织服装、农产品等传统产业领域，企业以国内市场为基础，天生国际化企业较少。产品附加值较低，很多企业没有自己的品牌或者品牌知名度很低。

我国民营企业 90% 以上是中小企业，通常，我们把民营企业与中小企业画等号。② 近年来，山东省民营企业对外贸易出口额逐年增加，在山东省对外贸易总出口额中的比重也在扩大（见图 3 - 1）。据此，我们可以判断，山东省

---

① 孙国茂，张登方. 山东省中小企业发展报告（2018）［M］. 北京：社会科学文献出版社，2018：188 - 189.

② 孙国茂，张登方. 山东省中小企业发展报告（2018）［M］. 北京：社会科学文献出版社，2018：2.

中小企业对外贸易出口额在逐年增加，国际市场在扩大，国际市场营销活动发展前景良好。

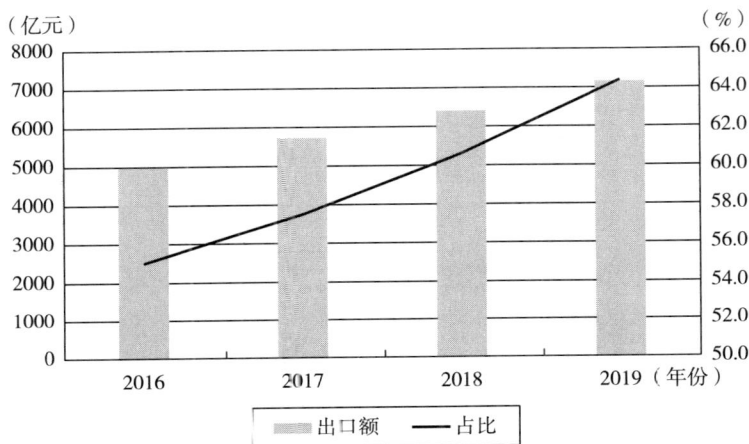

**图 3-1　山东省民营企业 2016～2019 年出口额统计**

资料来源：根据山东省商务厅公共数据开放平台的数据整理。

山东省企业出口以一般贸易为主，但是随着电子商务的发展和贸易的便利化，跨境电商成为中小企业一条新的外贸出口渠道。山东省企业出口市场主要集中于欧盟、东盟、美国、日本和韩国等区域和国家，在"一带一路"倡议的推动下，沿线国家的市场在逐渐扩大，成为拉动全省出口增长的新增长点（见图 3-2）。

### 二、山东省中小企业国际营销存在的问题

山东省中小企业国际营销处于初级阶段，一方面表明了山东省中小企业国际营销发展潜力很大，需要进一步开拓国际市场；另一方面也从侧面反映了山东省中小企业国际营销活动的状况并不理想，存在着诸多问题，从而严重影响着企业的生存和发展。

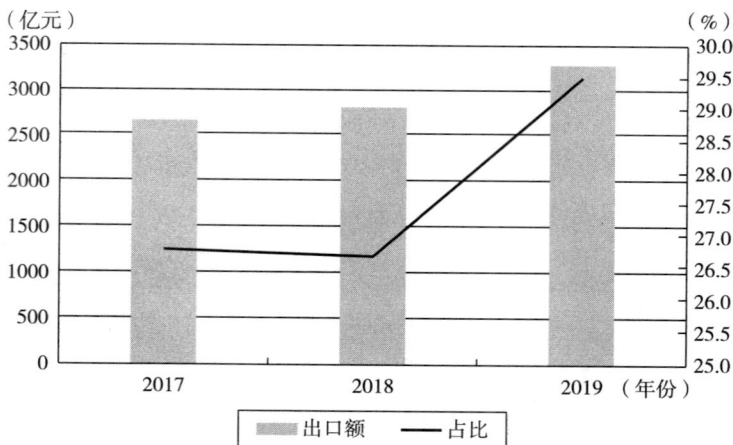

**图 3 - 2　山东省企业"一带一路"市场 2017 ~ 2019 年出口额统计**

资料来源：根据山东省商务厅公共数据开放平台的数据整理。

## （一）不思进取，市场营销观念落后

中小企业在发展到一定阶段后，普遍会遇到"瓶颈"问题，即市场做到某一数量时，企业发展停滞了，不管怎么努力，就是徘徊不前。在这种状况下，一些中小企业老板认为自己的企业营业额已经做到几亿元，能保持住就很好了，于是乎不思进取，一心守成。营销人员同样会遇到类似的问题，在加入营销队伍一定时间后，报酬和职业发展很难再进一步提高，于是安于现状，只考虑保住眼前的市场，失去了当初的进取心和吃苦耐劳的精神。

同时，从目前营销活动现状看，中小企业普遍存在着市场意识不强、营销理念落后的问题。大多数营销人员仍然停留在"我卖什么你买什么"的坐商理念层次，在实际营销工作中，侧重于营销技巧的使用，只关心与销售量相关的短期利益，很少考虑品牌塑造、渠道建设和客户关系维护等战略目标。目前，营销理念已成为企业营销活动最深层、最高级的竞争形式，是企业营销管理活动的核心，它在一定程度上决定了企业的兴衰成败。

（二）盲信经验，营销人才匮乏

许多中小企业的老板是业务员或者技术出身，在特定环境和条件下，慢慢把企业做大，然后开始重视营销活动。但是，这些老板做大以后，往往很难改变自己原有的观点，认为营销是一种艺术，经验、悟性、灵感和随机应变等个体主观因素占有更重要的地位，并且经常以自己当初的成功经验教训营销人员。

在这种思想指导下，企业经常千方百计从各种渠道挖掘营销精英，期望依靠这些优秀的营销人才打出一片天下。遗憾的是，营销精英的跳槽频率极高，一方面他们总是竞争对手挖墙脚的对象，另一方面因为期望太高未被赏识而"炒老板的鱿鱼"。在重视营销精英的氛围中，企业忽视了普通营销人员的培养，忽视了营销活动规律的探索，营销人才匮乏现象随之出现。

（三）粗放管理，营销业绩不稳

在中小企业营销队伍中，营销人员及其业绩经常会存在二八现象，即大约80%的销售额是由大约20%的销售人员完成的。当然，这一比率并不总是二八，有时会是三七、四六等。但是，它所反映出来的问题永远是相同的，即企业的销售业绩过于依赖顶级销售人员的绩效。在这种情况下，企业的营销业绩会被顶级营销人员绑架，一个顶级营销人员的离职会带走企业的现有客户，甚至是关键客户，而企业却无能为力，任由客户流失。

另外，一些中小企业老板经常对销售人员说"不管你怎么卖，我只看阿拉伯数字，只要销出去就行"。这是一种典型的"只要结果，不要过程"的"结果导向型"营销管理模式。这种管理模式使营销过程不透明，业务人员暗箱操作、短期行为过多，无法及时发现产品销售过程中的问题并及时解决。等问题积累到一定程度时会集中爆发，造成企业营销业绩大起大落。

（四）简单考核，营销人员不满

中小企业基本上是民营企业，多数管理者缺乏专业的企业管理知识。很多企业在选择绩效考核指标的时候，只是注重那些与销售量相关的指标，如货款回笼率、销售费用率、利润额以及市场占有率等，忽视了与业绩没有直接关系的指标如工作态度、客户关系管理等，或者即使注意了这类指标，但设计比较空泛和抽象，难以理解和实施。

同时，中小企业管理者认为自己是老板，有权决定绩效评价的结果，而忽视了营销人员劳动与其产生的绩效是否体现了多劳多得、公平、公正的原则。在考核指标选取不当和评价结果缺乏客观公正时，企业的薪酬制度等激励机制就很难做到科学合理，营销队伍的不满意就可想而知了。

（五）部门单一，营销职能缺失

在许多中小企业组织结构中，销售部是一个非常重要的部门，而市场部则沦为可有可无的地步。许多人认为，单一的销售部能够很好地承担企业营销管理职能和完成销售任务，没有必要再单独设立市场部；即使设立市场部，其作用和地位也排在销售部之下，因为市场部是花钱的，而销售部是创造效益的。在这种指导思想下，中小企业不仅营销部门不健全，更重要的是营销职能缺失，销售代替了营销，销售成为营销的核心职能。市场营销的市场调查、营销环境分析、营销战略策略的制定及实施等重要职能基本缺失，这是一种本末倒置的行为。市场营销的核心是清楚地了解顾客，并使企业生产的产品满足顾客的需要。企业尽管也需要做销售工作，但是市场营销的目标是要减少推销工作，甚至使推销变为多余。

# 第三节　山东省中小企业开展国际营销的必要性

随着我国对外开放的进一步深化和世界经济全球化的加速，企业即使不迈出国门，也会面临激烈的国际竞争。国家与国家之间的贸易往来、企业的国际化经营等推动着中小企业参与国际竞争。同时，在我国经济步入新常态的大势下，山东全面展开新旧动能转换重大工程，转变经济发展方式，增强经济发展活力，推动产业转型升级这一时代背景下，山东省中小企业走向国际市场、开展国际营销活动已然成为大势所趋，并且具有重要的现实意义。

## 一、山东省中小企业开展国际营销的动因

山东省中小企业在国内经营与在国际市场上竞争已经没有本质的区别，一系列的内部因素和外部条件推动着越来越多的中小企业开展国际营销活动，加入国际化的行列中。

### （一）外部动因

#### 1. 经济全球化的驱动

作为当今世界经济发展的趋势，经济全球化对各个国家和地区的经济发展产生了深远的影响，任何国家、组织、个人都无法阻挡这一历史潮流。经济全球化的基本要求是生产资源在全球范围内进行有效分配与使用，这一基本要求促进了资本和要素在全球范围内的流动，推动了生产分工协作的进一步深化，并加深了世界各个国家和地区之间的联系。在经济全球化的时代背景下，任何一个国家或地区都不能置身其外；同样，任何一个企业也不能脱离"市场竞争日益全球化、生产经营日益全球化"的客观环境。全球化的开放市场使每一个企业都成为全球产业链中的一个环节，成为国际市场中的一部分。

山东省中小企业大多为劳动密集型企业，参与全球生产分工协作的最大优势在于低廉的劳动力成本，但由于企业缺乏自主创新意识和能力，品牌塑造意识不强，在国际生产分工中，通常是作为大企业的配套产品供应商而存在，处于全球产业链附加值的底端。对于山东省中小企业而言，经济全球化既是机遇，又是挑战。山东省中小企业勇敢地走出国门，走向更加广阔的市场开展国际营销活动是其面临的唯一正确选择。

2. 国内市场的驱动

随着对外开放的大门越开越大以及互联网技术的迅速普及，国内外市场已融合为一体，企业之间的竞争已经不再受制于距离，国外商品无疑会以其更加优越的性能、更加低廉的价格以及更加良好的服务进入我国市场，而我国企业也会走出国门，参与国际市场的竞争，市场环境出现了"国内市场竞争的国际化，国际市场竞争的国内化"新现象。在新的市场环境中，中小企业除了面临国内企业的竞争压力外，还面临着来自跨国企业的竞争压力，而由于自身存在的劣势，无法与大企业展开抗衡，其生存与发展的国内空间备受威胁。

同时，我国经济发展正步入"新常态"，经济增速放缓，产能出现相对过剩，劳动力成本上升，经济发展由主要依靠资源和要素高强度投入驱动为主，逐步转向以提高效率和创新驱动为主，经济的结构性分化正趋于明显，旧经济疲态显露而以"互联网＋"为依托的新经济生机勃勃。过剩经济的来临和劳动力成本的上升使国内企业之间的竞争已达到白热化的程度，传统市场的空隙越来越小，利润空间也越来越小。中小企业由于自身的劣势，在传统市场上的竞争优势越来越小，生存与发展也越来越困难。

在巨大的生存竞争压力下，山东省中小企业要突破竞争重围发展壮大，就必须放眼世界，突破地区的限制，走向国际市场，从而在更大的范围内寻求更加广阔的发展空间。

3. 国家政策的扶持

为引导并促进中小企业走向国际市场，增强核心竞争力，缓解资金紧张状况，国家出台了一系列的政策鼓励和支持中小企业开拓国际市场，积极参与国际市场竞争。除了在财政、金融、税收、科技、政府采购、政府服务等各方面实行一系列中小企业普遍适用的政策外，国家还专门针对中小企业开拓国际市场提供了一系列的扶持政策。

自2001年起，国家设立"中小企业国际市场开拓资金"，以广大中小企业为支持对象，鼓励中小企业积极开拓国际市场、参与国际竞争。目前主要的支持方向有：境外展览会、境外专利申请、境外商标注册、管理体系认证、产品认证、提高经营管理信息化水平、提高经营管理科学决策水平、增加全面风险管理能力、培育竞争新优势等。新修订的《中华人民共和国中小企业促进法》进一步规范了支持中小企业开拓国际市场的相关政策。在经济技术合作交流支持层面，提出县级以上人民政府有关部门应当在法律咨询、知识产权保护、技术性贸易措施、产品认证等方面为中小企业产品和服务出口提供指导和帮助；在金融支持层面，指出国家有关政策性金融机构应当通过开展进出口信贷、出口信用保险等业务，支持中小企业开拓境外市场；在服务便利化层面，要求县级以上人民政府有关部门应当为中小企业提供用汇、人员出入境等方面的便利，支持中小企业到境外投资，开拓国际市场。

（二）内部动因

1. 开拓新市场的需要

市场是企业的根本，没有市场，便没有企业的生存；没有市场的发展，便没有企业的发展。目前，我国经济从总体上告别了短缺经济时代，国内市场需求基本趋于饱和，买方市场已经全面形成，中小企业在国有企业和外资企业的夹缝中求生存、谋发展，既难以享受国企的优惠政策支持，也难以拥有外企的先进生产技术与雄厚资金的支持，在激烈的市场竞争中占据一席之地的难度可想而知。

与此同时，随着我国进入小康社会，人们的生活水平和需求层次发生了较大程度的转变，开始注重品牌意识和追求高档次的产品，价格因素在消费者购买决策中的影响进一步减小，技术含量低、产品档次不够高的中小企业在低层次竞争中生存的难度进一步扩大。中小企业生存和发展的空间进一步缩小，摆脱国内市场的局限，寻求新的增长机会，中小企业必然需要到国际市场去开拓生存空间。

2. 提高经济效益的需要

在市场经济条件下，企业存在的根本目的是获取经济效益。在国际市场中，发达国家的市场成熟，竞争激烈，但是人们的生活水平高，购买力强；发展中国家的市场不完善，人们的购买力不高，但是市场竞争较弱，市场空白点多。相对于发达国家的企业，我国中小企业具有成本低的优势；相对于发展中国家的企业，我国中小企业具有一定的技术优势，因此，山东省中小企业进入国际市场能够发挥自己的比较优势，获取较高的利润。同时，经济全球化要求资源在全球范围内实现有效配置，对于山东省中小企业而言，走出国门，根据不同国家的政策和资源优势，寻求资源配置的最佳模式，合理安排其价值增值活动的相应阶段和环节，获得更大的经济回报，最大限度地满足自己生存和发展的需要。

3. 自主技术创新的需要

技术创新既是中小企业的优势所在，也是中小企业发展的根本。山东省中小企业虽然具有成本低的比较优势，但是总体上技术相对落后，处于产业链附加值的最低端。不管是适应经济发展新常态转变经济发展方式，还是落实新旧动能转换重大工程培育发展新动能，山东省中小企业都需要走技术创新之路。山东省中小企业要以进入国际市场为契机，以全球产业价值链为平台，在引进、消化和吸收国外先进技术的基础上，提高自主技术创新能力，由低到高，向产业链附加值高端发展。

**二、山东省中小企业开展国际营销的意义**

当前，在我国以公有制经济为主体，多种所有制经济共同发展的经济体制下，山东省中小企业得到了较快的发展，在山东经济中的地位和作用越来越重要。与此同时，随着国家全方位深入推进对外开放，特别是"一带一路"倡议的推进和中国（山东）自由贸易试验区的设立，山东省中小企业朝着国际化经营的方向迈出了前进的步伐。山东省中小企业开展国际营销活动，对于自身生存发展和山东省经济发展具有重要的现实意义。

（一）实现自身的生存与发展

1. 开展国际营销活动，能够拓宽企业的市场范围

相比于国内市场，国际市场能够为企业提供更加广阔的市场容量，大大拓宽了企业的市场范围。山东省中小企业开展国际营销活动，在广阔的市场上能够获得更多的市场机会，在一定程度上避开国内市场上的恶性同业竞争与产能过剩的威胁，有利于企业的发展壮大。另外，中小企业在国际市场上开展营销活动，回旋的余地较大；同时，必然会权衡国际市场上的风险，提高市场风险的应对能力和应对水平，将经营风险尽可能降低至最小，大大提升企业生存的机会。

2. 开展国际营销活动，能够获得更高的经济效益

不同国家和地区的市场差异极大，资源优势也不同。根据不同国家、地区的资源条件与市场环境的特点，企业合理配置资源和选择市场进行产品的研发、生产与销售，以最佳组合方式参与国际市场竞争，能够最大程度上获取不同国家、地区的资源所带来的经济效益。企业不受国内政策、资源等方面的限制以及规模扩张的制约，根据国际目标市场的需求特点，对产品品种、产量进行灵活调整，实现规模经济效应，从而获取相对高的经济效益。不同国家、地区之间受经济发展阶段、生产力发展水平以及产业结构等因素的影响，消费水平与技术发展程度在一定程度上均有所不同，企业开展国际营销活动，可以将在市场上已处于成熟期甚至衰退期的产品转移到尚未进入成熟期的他国市场上，最大程度上延长产品的生命周期，实现更高的经济利益。

3. 开展国际营销活动，能够提高企业的核心竞争力

核心竞争力不是企业凭空想象出来的，而是在激烈的市场竞争中通过艰苦的努力培育出来的。国际营销活动能够促进中小企业的规范化管理，建立和完

善现代企业制度；国际营销活动能够推动中小企业引进和培养一批优秀的人才，夯实企业发展的根基；国际营销活动能够加快中小企业的技术进步，提高产品的科技含量和市场竞争力；国际营销活动能够帮助中小企业熟悉国际市场规则，了解国际市场需求，打造自主品牌。山东省中小企业开展国际市场营销活动，在激烈的国际市场竞争中培育和提高企业的核心竞争力，而核心竞争力反过来有利于企业在市场中保持竞争优势，推动企业的可持续发展。

（二）激发山东省的经济活力

近年来，山东省经济发展显现颓势，甚至开始拖全国的后腿。这其中，中小企业必然难脱干系。省委书记刘家义在山东省全面展开新旧动能转换重大工程动员大会上明确指出："我省市场活力不足，重要的是非公有制经济发展活力不足。"[①]

1. 中小企业开展国际营销活动，有助于思想观念解放

山东作为儒家文化发源地，重农轻商、重义轻利和小农意识较为浓厚，企业在产业发展、资本运作、经营管理上思想相对保守，做大做强的意愿和气魄不足。市场竞争，不进则退，慢进也是退。面对经营业务更复杂，经营风险更大，竞争手段更丰富以及竞争范围更广的国际市场环境，山东省中小企业只有打破固有的思想观念，不满于现状，敢为人先，才能在国际市场上占有一席之地。另外，国际市场是一个多元化的综合体，各种新思想、新理念、新技术在这里汇集、碰撞，推动着企业思想观念的转变和更新。

2. 中小企业开展国际营销活动，有助于实体经济转型升级

在竞争激烈的国际市场上，山东省中小企业要生存和发展，一方面要重视研发和技术创新投入，努力掌握行业核心技术，避免低端制造和无效供给，通过新技术、新理念创新传统生产、管理和营销模式，促进生产经营转型；另一

---

① 刘家义在山东省全面展开新旧动能转换重大工程动员大会上的讲话。

方面要以产品质量为核心，提升服务水平，打造特色品牌，发挥品牌的溢价能力，转变盈利模式。中小企业从技术和品牌两个层面入手，推进山东实体经济转型升级。

3. 中小企业开展国际营销活动，有助于产业结构优化升级

山东是一个经济大省，产业竞争优势依然以劳动密集型产业和资源密集型产业为主，企业大多集中在传统经济领域。山东开展国际营销的中小企业以加工制造为主，处于微笑曲线的底端。山东中小企业在国际营销活动中积极与大企业建立稳定的原材料、零部件供应及技术进步等方面的协作关系，通过引进先进生产技术、人才和设备等研发生产精深加工、附加值高的产品，推动山东制造从劳动密集型向技术密集型转型升级，从而促进山东产业结构优化升级。

# 第四节　山东省中小企业开展国际营销的 SWOT 分析

基于上述对山东省中小企业国际营销的分析可以看出，走出本土市场，开展国际营销活动是山东省中小企业的正确选择。但是，面对瞬息万变、错综复杂的国际市场，不同类型、不同规模的各国企业鱼龙混杂，在这样的环境中，山东省中小企业能否在激烈的竞争中得以生存并发展下去呢？也就是说，山东省中小企业开展国际营销活动是否具有可行性呢？本书运用 SWOT 分析方法对此进行分析。

SWOT 分析法是企业制定战略和分析竞争对手常用的方法之一。企业通过分析所面临的外部环境以及自身具备的竞争条件，将内部的优劣势与外部的机会、威胁等进行归纳总结，并依据矩阵形式列出，然后采用系统分析的方法，将内外部条件进行组合搭配，从而得出一系列分析结果，为企业的战略决策提

供依据。其中，S（Strengths）指有利于企业实现其目标的内部能力，即企业自身所具备的优势；W（Weaknesses）指企业内部会阻碍或约束实现其目标的消极因素，即企业自身所存在的劣势；O（Opportunities）指外部环境中有利于企业发展、让企业展示出优势的因素，即企业所面临的机会；T（Threats）指外部环境中不利于企业良好发展的因素，即企业所面临的威胁。优势和劣势是企业自身拥有的内部条件，机会和威胁是企业面临的外部环境。

在开展国际营销活动时，山东省中小企业运用SWOT分析法，分析拥有的内在条件与面临的国际市场环境，发掘出企业具有的有利条件与不利条件以及面临的外部发展机会和可能遭遇的威胁，进而充分发挥企业自身的优势，抓住国际市场的发展机遇，并有效规避或弥补自身劣势和躲避面临的环境威胁，在激烈的国际市场竞争中生存并得到发展。

## 一、山东省中小企业国际营销的比较优势分析（S）

### （一）创新优势

中小企业是技术创新的主角，创新是中小企业的竞争优势。山东省中小企业实力较弱，而且面临方方面面竞争对手的压迫，来自市场的压力感更强。为了能够实现企业的生存与壮大，避开与大企业的直接竞争，需要实施创新战略，创新战略是中小企业相比于大企业获得竞争优势的重要源泉。山东省中小企业虽然普遍缺乏足够的资金与人才进行大范围的技术研发与创新，但是企业成本低、个性化优势明显以及市场适应性较强，技术创新具有较高的时效性，大多能够基于项目的实际需求，集中企业的主要资源，大力开发周期相对较短、效果相对显著的技术，并能结合企业自身情况，量力而行。另外，中小企业通常具有灵活多变的运营机制与迅速的市场反应能力以及较强的危机防控意识，从而使科研成果转化速度大大领先于大企业。相比于大企业而言，中小企业的企业家充分认识到创新对企业生存与发展的重要意义，更加重视企业的创新活动，能够迅速做出决策，鼓励和支持企业的创新工作；同时，企业家也能够利用各种沟通技巧和手段，有效排除创新面临的各种问题和阻碍，为企业的创新活动创造更为自由和宽松的环境。

（二）企业集群优势

在国际营销活动中，由于单个中小企业资金实力有限、规模小，不如大企业的产业集中程度高，难以获得规模经济效应和抵御国际市场风险。但中小企业天然具有扎堆的现象，众多中小企业基于地理位置相近、专业化分工和协作而组成企业集群的形式开展生产经营活动。企业集群能够为中小企业创造创新资源、交易资源和客户资源，培育出中小企业的技术创新优势、生产成本优势和市场竞争优势，壮大企业的发展力量，共同开发广阔的国际市场。各企业之间的相互协作与彼此带动，也将使山东省中小企业能够充分利用国内外两个市场和两种资源，提高整个企业集群的国际竞争力，并有效降低国际化经营风险，获得能与大型跨国企业相媲美的竞争优势。以"小狗经济"为代表的浙江经济繁荣就充分验证了中小企业集群的优势。

（三）管理成本较低

山东省中小企业资金短缺，缺乏扩大规模所必需的资金支持，因此其并不具备生产的规模经济效应，但由于其组织结构简单，运营机制灵活，产权清晰，员工激励措施明确，因而大大降低了组织管理与协调成本，比大企业更具备竞争优势。主要体现在以下几个方面：①内部交易成本低。中小企业组织结构简单，职能部门较少，协调较为容易；企业高层与中下层接触较多，距离较近，沟通障碍较少，容易达成共识；另外，中小企业由于危机意识较强，抵抗风险的能力较低，信息必须及时、准确传递，不能拖沓、失真，以确保企业的决策力和执行力。在一些不存在规模经济效应的高新技术产业中，中小企业的内部交易成本更是相对较低。②代理成本低。中小企业的规模较小，组织结构简单，而且通常由所有人直接进行经营管理，其所有权和经营权的分离程度低，因而代理成本较低。③人力资源管理成本低。由于山东人比较恋家，乡土情结较重，中小企业所需的人力资源主要来源于省内甚至企业驻地，员工价值观念基本相同，劳资关系比较紧密，在沟通和处理内部问题上所耗费的成本自然比大企业要少得多。

（四）产品特色优势

山东省中小企业受规模、资金等诸多因素的限制，很难通过产品的多元化来实现经营风险的分散化，但善于通过对市场空隙的寻找来开拓大企业所忽视或无暇顾及的市场缝隙，研发和生产体现当地特色的产品，形成独具一格的产品特色。另外，作为文化大省，山东很多产品能够体现山东独特的历史文化和鲜明的地方特色，如风筝、年画、陶瓷、鲁锦、柳编等，这些具有民族特色与文化传统的产品受到世界各地消费者的广泛青睐，并具有不可模仿性、难以替代性等特点。而中小企业在开发上述具有山东特色的产品时，拥有比大企业更具便捷的组织优势与更高的研发效率，而且更贴近地方特色文化，因此在开发特色产品上，山东省中小企业具有很大的发展潜力。

（五）经营机制灵活，市场适应能力强

山东省中小企业机构设置较为精简，管理层级较少，上下级沟通更加便捷，能够及时获得市场反馈信息并迅速做出经营决策。而且，企业对目标市场需求变化更加敏感，更有利于其集中资源为目标客户服务，将产品做精做专，并彰显自身的产品特色。另外，企业投入成本低，退出市场所付出的代价也相对较小，调整经营方向也更加方便、快捷。因此，相对于大企业而言，山东省中小企业的生产经营活动更加灵活，市场适应能力更强，能够更好地满足目标市场的需求。在越来越注重个性化需求的今天，中小企业的这一特点对于其及时捕捉国际市场的各种机会，发挥自身竞争优势，提高经济效益具有重要的支持作用。

## 二、山东省中小企业国际营销的相对劣势分析（W）

**（一）资金实力有限，生产规模较小，抵御风险能力低**

山东省中小企业资金实力有限，生产规模较小，既不能像大企业那样对产业结构进行整合，也不能像大企业那样有足够的实力抵御外部风险，尤其是如汇率波动、东道国政治不稳定等风险。另外，山东省中小企业之前一直在省内或国内市场发展，较少涉足国际市场，在开展国际营销活动的初期，面对风云变幻的国际市场以及众多不确定性因素的影响，企业缺乏国际化经营的经验。因此，山东省中小企业在国际化经营中抵御风险的能力较差。

**（二）管理规范化程度低，应对复杂事件的管理能力不足**

山东省大多数中小企业是以亲情、友情、乡情为纽带进行投资经营，而且大多属于家族企业。当企业生产经营规模逐渐扩大，市场范围也逐渐扩张到国际市场时，家族式管理模式便很难能够有效地整合和利用企业的内外部资源，从而大大降低了企业的经营管理水平，主要表现为：①企业制度不完善，管理较为混乱，规范化程度较低，决策缺乏科学性和长远的考虑，具有较强的主观性与盲目性，这些成为中小企业的症结所在。②企业存在职责分配不合理、人才引进与激励机制不健全以及对企业文化的建设力度较小等缺陷，在面对复杂多变的国际市场时，其应对复杂事件的管理水平低下，再加上参与国际竞争的经验较少，从而增大了企业国际营销活动失败的风险。

**（三）研发投入不足，产品技术含量低**

山东省中小企业由于资金较少，人才匮乏，导致其在研发方面投入普遍不足，技术创新能力较弱。在复杂的国际市场上，企业不能掌握核心技术，便难以有效形成竞争优势，主要表现在企业出口产品以劳动密集型为主，处于中低级技术水平，质量水平也不高，而且附加值较低，进而导致产品在国际市场上缺乏竞争力，难以在激烈的国际市场上立足。

（四）国际营销意识缺乏，参与国际竞争的信心不足

在国际营销活动中，国际营销意识和信心不足也是山东省中小企业存在的问题之一。具体表现在：①企业缺乏国际市场营销意识，不重视开拓国际市场，对国际市场需求变化不敏感。②企业参与国际竞争的信心和勇气不足，小富即安，小成即满，国际市场营销的操作水平极低。③企业的品牌意识不强，大多从事的是代加工生产，没有创建自己的品牌，尚未真正意识到品牌对企业可持续发展的重要性所在。

（五）缺乏高素质的国际营销人才

山东省中小企业规模较小，发展平台小，导致其所吸引人才的能力极为有限，人才不足一直是企业发展的"瓶颈"。国际营销活动需要众多国际化人才，尤其是对贸易、经济和法律都为熟悉的复合型人才，而山东省中小企业人员素质和能力普遍偏低，甚至有的人员缺乏最为基本的国际贸易与国际法律常识，这与国际营销活动的人才需求相去甚远，导致企业在国际化经营中处于被动地位。

## 三、山东省中小企业国际营销的机遇分析（O）

（一）经济全球化带来的机遇

经济全球化使世界各国经济联系在一起，商品、劳务、技术、资金、人员、信息等生产要素在全球范围内流动和合理配置。一方面，经济全球化促进了国际市场的不断扩大，推动了山东省中小企业与国际市场的接轨，拓宽了山东省中小企业的市场范围；另一方面，经济全球化加强了山东省中小企业与国外企业的交流与联系，推动了企业之间在技术、资本、人才、品牌以及渠道等方面的合作，进而提高了企业的综合实力与市场竞争力。

（二）互联网技术发展带来的机遇

互联网技术的迅猛发展与广泛应用，推动了企业之间的信息交流与资源共

享，从而大大缩小了中小企业与大企业在信息收集与信息处理上存在的差距，促进了中小企业的国际营销进程。这一促进作用主要表现在：①互联网技术使山东省中小企业能以更低的成本、更高的效率收集和处理国际市场的信息，增强对国际市场信息的敏感性，使企业更容易获得市场机会；②互联网技术打破了物理位置的限制，将分布在世界各地的企业分支机构、供应商、分销商以及客户等紧密联系起来，开创了网上营销的新局面。

（三）国家重大发展战略带来的机遇

国家重大发展战略的实施为山东省中小企业"走出去"创造了难得的历史机遇。1988 年，山东半岛全部对外开放，成为环渤海经济区的重要组成部分；2001 年，我国正式加入世贸组织，对外开放进入了一个新的阶段；2013 年，国家提出"一带一路"倡议，形成对外开放新格局；2018 年，山东实施新旧动能转换重大工程，推进产业转型升级；2019 年，中国（山东）自由贸易试验区设立，打造对外开放新高地，山东进入"自贸"时代。山东省中小企业以国家重大发展战略实施为契机，坚决"走出去"，才能获得实实在在的利益，进而不断发展壮大。许多大型国有企业在"一带一路"倡议的指引下，开展对外投资项目建设，不仅为企业赚取了利润，而且在国际上打造了中国品牌，就是一个最好的例证。

## 四、山东省中小企业国际营销的威胁分析（T）

（一）国际市场环境的恶化

近年来，国际经济增速变缓，国际市场需求疲软，传统行业产能和大众产品产能过剩。山东省中小企业大多缺乏自主创新能力，品牌竞争力很弱，产品附加值较低，随着原材料价格上涨与劳动力成本的提高，出口需求持续低迷，导致市场信心不足。另外，各国纷纷出台贸易保护措施，世界贸易保护主义猖獗，山东省中小企业产品的出口区域主要集中在发达国家以及邻近国家，市场回旋余地较小，并且频繁遭受西方发达国家的反倾销、反补贴调查，企业的国际市场环境进一步恶化。

（二）国际市场竞争更加激烈

随着国际经济增速放缓，发达经济体希望增加对外部市场的出口，扩大或保持经济复苏的局面；作为一股不可忽视的力量，新兴经济体也希望通过出口保证本国经济的增长。世界市场环境较以往更加严峻，各国纷纷寄希望将出口作为经济增长的突破口，国际市场竞争异常激烈，国家之间的贸易战、关税战等此起彼伏。另外，东南亚国家的企业与山东省中小企业之间存在严重的同质化竞争，相当比例的国际订单向低成本的东南亚国家转移，而且转移的趋势比较明显，山东省中小企业面临着直接的竞争威胁。

（三）中美贸易战的发生

2018 年美国对我国发起贸易战。从目前情况来看，虽然中美贸易战形势在一定程度上有所缓解，但仍对我国经济产生了极大的影响，这一影响主要表现在：①削弱我国出口。美国是我国主要出口国家之一，出口产品主要集中在家具、纺织以及玩具等行业，而这些行业是中小企业较为集中的领域，因此，随着中美贸易战的发生，中小企业必然会遭遇较大的打击。②制约我国进口。为了应对中美贸易战，我国提高了对美国进口商品的关税，这会削弱大企业的产品竞争力，作为大企业配套产品的供应商，中小企业也肯定会受到影响。③企业转型升级受到影响。随着经济发展进入新常态，我国提出"中国制造2025"战略，推动制造业转型升级和提质增效。中小企业正处在由劳动密集型向技术密集型转型过程中，中美贸易战显然会对中小企业的转型升级造成强烈的冲击。

我们通常认为，只有大企业才能走向国际市场，开展国际营销活动。然而，在上述 SWOT 分析中，不难看出，山东省中小企业虽然在参与国际竞争时面临诸多的不利因素与环境威胁，但是其优势以及面临的机会还是非常明显的

（见表3－1）。而且，随着经济全球化、网络信息技术的发展以及我国与世界经济一体化进程的进一步加快，中小企业开展国际营销活动的外部条件越来越成熟。因此，山东省中小企业只要能够从自身实际情况出发，客观认识自身的优势与劣势以及面对的机会与威胁，并进行综合对比分析，扬长避短，制定出切实可行的国际营销战略和策略，那么，开拓和占领国际市场不仅是可行的，而且同样会取得成功。

表3－1　山东省中小企业国际营销可行性的 SWOT 分析

| 优势（S） | 劣势（W） |
|---|---|
| ①创新优势 | ①资金实力有限，生产规模较小，抵御风险能力低 |
| ②企业集群优势 | ②管理规范化程度低，应对复杂事件的能力不足 |
| ③管理成本较低 | ③研发投入不足，产品技术含量低 |
| ④产品特色优势 | ④国际营销意识缺乏，参与国际竞争的信心不足 |
| ⑤经营机制灵活，市场适应能力强 | ⑤缺乏高素质的国际营销人才 |
| 机会（O） | 威胁（T） |
| ①经济全球化 | ①国际市场环境的恶化 |
| ②互联网技术发展 | ②国际市场竞争更加激烈 |
| ③国家重大发展战略 | ③中美贸易战 |

# 第四章 山东省中小企业国际营销的案例借鉴

山东省中小企业规模小，实力弱，风险管控能力相对较差，面对较为陌生的国际市场，必然存在诸多不适应性和较大的市场风险。本章通过研究分析国内外优秀企业成功的国际营销案例，从中得到可供山东省中小企业学习借鉴的经验，并结合上文的理论基础，探索归纳中小企业国际营销活动的一般规律，抽象概括出中小企业国际营销发展模型，为下文山东省中小企业国际营销战略和策略的选择提供依据。

## 第一节 义乌双童公司国际营销案例

义乌市双童日用品有限公司（以下简称"双童"）创建于 1994 年，是一家专业从事饮用吸管研发、生产和销售的企业。公司年生产各类吸管近万吨（200 多亿支），产值 2 亿多元，员工 600 余人，产品主要供应国内外的商场、超市和连锁餐饮机构，是目前全球饮用吸管行业质量好、品种全、高端创新吸管多、市场覆盖面广的吸管生产企业，先后获得中国驰名商标、浙江省名牌产品、浙江省生态示范企业等荣誉，2019 年 8 月又入选工业和信息化部绿色工厂名单。

## 一、坚守和专注的企业精神

双童创始人楼仲平在创业初期，曾尝试过十几种行业，但是大多以失败而告终。艰难的创业历程让他总结出坚守与专注的力量，于是，秉持"坚决不投机，这一辈子只做好这一根吸管"的信念，多年来，楼仲平坚守着每根只赚几厘钱的吸管行业，双童也一直稳健地发展。坚守的心态让双童避开了暗礁与旋涡，楼仲平没有因为房地产鼎盛时期放弃投资机会而后悔，也没有因为拒绝朋友邀请加盟投资而免遭吴英事件所累而感到庆幸；而专注的品质则让双童不断将产品做专做精，引领行业发展，成为世界知名品牌。

正如楼仲平所言："德国、日本制造业是中国制造业追赶的目标。他们的中小企业非常专注，极具工匠精神。如果企业变来变去，肯定一辈子什么都做不好。沉下心来，再难的事也能做好。"世界上人那么多，再小的产品也能把生意做大。正是因为坚守和专注的企业精神，双童成为世界吸管制造之王，产品一度占据全球90%的市场份额。

## 二、着力打造企业品牌

双童成立之初，只有两条破旧生产线和简陋的生产车间，与当地大多吸管厂类似，生产的吸管以低端产品为主，没有质量观念，也不具备品牌意识，而同质化竞争的结果是所有企业的利润都很微薄。楼仲平审时度势，为实现产品的差异化，避开企业同质化竞争，将当时产品包装袋的左上角都有一男一女两个儿童嘴上咬着一支吸管的图案标记（现在双童的商标图案）注册为企业商标，并取名为"双童"，同时因势利导建议同行企业创建自己的品牌，放弃创业以来一直在使用的"双童"商标的图案标记。第二年，义乌一下子冒出了20多个吸管行业的新品牌，所有这些商标无一例外都是受到"双童"商标注册冲击后而产生的连锁反应，并从侧面促进了吸管行业从无牌到创牌，从无序到有序发展的转折，从而推动了该行业走向健康良性的发展道路。

1997 年亚洲金融危机爆发后，受经济环境影响，用于吸管生产的原材料（聚丙烯颗粒塑料）从每吨 4500 元涨到了每吨近万元。处于同质化竞争的大部分企业动起了歪脑筋，包装袋里的吸管数量越来越少，质量越做越差，价格越卖越低，陷入恶性循环后根本无法做品牌和信誉。而同期的双童因势利导，开发新品种，在包装上绝不少数，每包只多不少，产品越卖越好，双童的品牌优势第一次得以发挥。一段时间后，许多企业撑不下去，双童趁此机会收购了十多家停产和转产的企业，规模急剧扩大，并凭借自己的品牌和电子商务运作，企业朝着快速健康的发展方向迈进。

双童从 1995 年开始品牌塑造，基本是五年一个阶段。前五年品牌基本没有声音，属于积累期；第二个五年，2000 年获"义乌名牌"，2003 年获"金华市著名商标"和"金华名牌"；第三个五年，先后获"浙江省著名商标"、"浙江省名牌产品"、"浙江省知名商号"和"浙江省绿色企业"等省级荣誉称号；第四个五年，2011 年被国家工商总局认定为"中国驰名商标"，站上了中国品牌的最高荣誉殿堂。

二十多年的坚持和专注，双童打破了吸管这类产品不能做品牌的偏见。实际上任何一个行业的产品和服务，都是需要品牌支撑的。品牌既是一个用于与竞争者区分的标识，也是一个给拥有者带来溢价产生增值的无形资产，更是影响消费者心智、取得消费者信任的一个载体。企业无论处于何种行业，都需要通过树立良好的品牌形象取得生存与发展。

### 三、小客户原则

1998 年以前，双童是纯粹的内贸企业，通过义乌市场把产品销到全国各地。在应用互联网开展电子商务之后，双童的外贸订单比例一下子提高了，1999 年，企业销售额有一半以上来自国际市场；2002 年，出口占到企业销售额的 90% 以上，而且成为全球主要超大规模买家的供货商，如美国的一美元店等。2002 年之后，双童对自身的销售模式产生了危机感。这种危机感并不来自于对订单的担心，而在于当时的业务结构上外贸比例过高。因为出口往往是 OEM 加工，对方不认双童品牌。同时，双童有 70% 的销售额被三到五家超大规模的国际买家所占据，对于国内市场的一些小客户就供不上货了。国际大买家对成本的要求很苛刻，订单价格由他们决定，双童没得商量。

通过反思，楼仲平重新梳理了公司未来发展的方向，提出了"小客户"原则：1 个大客户的订单等于 10 个小客户的订单，为什么要接小客户而不接大客户？大客户掌握价格优势，企业延迟交货或者出点问题损失很大。既然要砍掉大客户就先砍掉最大的客户，双童首先砍掉了沃尔玛。这样一来，公司的业务员有了危机意识，必须要去找小客户才能生存。两年后，沃尔玛又发来订单，但这时按照双童的价格购买，企业赢得了主导优势。

### 四、创新成就企业发展

创新是一个企业生存和发展的灵魂，双童的发展实质上是一部企业不断创新的历史。在"吸管"这个无足轻重的产品上做品牌，是创新；提出"小客户"原则争夺价值链主导权，是创新；最早一批开展互联网电子商务应用的中小企业，义乌第一家签约阿里巴巴的中国供应商……创新使双童引领着吸管行业健康发展。

在企业创建初期，凭借着商标的辨识度，双童吸管很快就行销全国。但是吸管产品小、利润薄、易仿造的特点让楼仲平放不下心来，他决定要在小小的吸管上搞出高科技来。很多人不理解，一根小小的吸管能搞出什么名堂来。然而事实证明，楼仲平是对的。1998 ~ 1999 年，双童通过 B2B 走在了行业所有企业的前面，占据了行业产业链中比较高的一个位置。其他企业在做内贸的时候，双童做了外贸；其他企业在做低档产品的时候，双童已经在做中档、高档产品了；其他企业在盲目扩量的时候，双童已经在探索怎么样提高生产技术含量，去满足国外客户的高标准诉求。

在企业 2005 年和 2011 年两个五年规划纲要中，科技创新都被列为三大主题之一。在 2005 年第一个五年规划期内，双童申请了三十多项专利，单独完成了当时中国吸管行业的行业标准和国家聚丙烯饮用吸管的国家标准，双童将整个行业的规则制定和话语权紧紧握在手上。

如今双童已经拥有吸管类的专利 100 多项，公司先后承担了《聚乳酸冷饮吸管》中国轻工行业标准、《聚丙烯饮用吸管》中国国家标准和《食品用塑料吸管细则和规范》ISO 国际标准的起草编制工作。"双童"成为浙江省唯一由单一企业承担行业标准、国家标准和国际标准起草编制任务的中小企业。全球吸管行业国际标准的相关组织要求、生产过程、规则验收、依据评判等几乎所有的细则条文均来源于双童吸管提供的数据和验证支持，双童为中国吸管行业的长远发展争取到了规则主动权和行业话语权。

### 五、变加法为减法

"一根吸管做成全球第一，这是一个中国制造的时代传奇。"当人们如此评价楼仲平和双童时，他自己和双童人却极力否认这种评价。楼仲平坚定地认为，他以及双童与其他企业是不同的，不同点不在于其行业老大，而在于其专注、做精做强和社会责任的价值观上，从而形成了企业自身独特的亮点。

双童在 2005 年五年规划纲要中明确提出"成就另一种高度"，变加法为减法，在资源投入不变，不增加土地，不增加厂房，不增加生产线的前提下致力于做精做强。2005～2010 年，双童通过技术改造、提质提档、新产品开发等经营策略，在资源投入不变的情况下把企业产值提高了 2.5 倍。双童创造性地提出"以小博大"的企业发展原则，不跟风不圈地，不粗放经营，放弃土地指标的申请，创造出十多倍于义乌平均工业亩产的产出。楼仲平喜欢说的一个数据是"双童吸管用 18 亩的土地创造了相当于当地 260 亩土地的价值"。

在双童这片面积仅为 18 亩的土地上，楼仲平建造了两栋楼：一栋是生产车间，另一栋是 8 层高的办公、生活楼，科学设计了工厂和生活的布局。他把这种设计叫作"立体式土地利用"，工厂下面有仓库、蓄水池和废水处理池。普通的建筑楼房管道井里有上下 4 根管道，而楼仲平的设计里有 14 根管道。通过这些管道，生产中加热环节产生的余热被收集起来送到需要保持 25℃ 恒温的弯头吸管车间；干净的冷却水则供应员工宿舍洗澡之用；生产制造的废水经过 5 道工序的处理最后用来冲马桶和洗车。双童出名首先是人们经常听说了一个善于循环利用的工厂，后来才知道这个工厂原来是世界上最大的吸管制造企业。

双童吸管的成功表明，再小的市场也能成就一个企业，而坚守和专注是中小企业的生存之道，创新则是中小企业发展的必由之路。双童吸管已经在艰难的探索中趋于成熟，走出了一条具有自身特色的成长之路，对山东省中小企业的生存与发展具有重要的启迪作用。

## 第二节 青岛金王公司国际营销案例

青岛金王公司（以下简称"金王"）成立于 1993 年，创业伊始，公司仅有资金 2 万元，5 名员工。在短短的二十几年时间里，迅速发展成为一家集研发、设计、生产、销售于一体的高新技术企业，年销售额数十亿元，出口创汇数亿美元，全球上万名员工。在快速发展过程中，金王始终坚持把加快自主科技创新、打造国际化知名品牌作为企业的发展战略。在这一战略指导下，金王已经成为全球第三的日用消费蜡烛类生产企业，在亚洲的同类蜡烛制品生产商中，其规模最大，综合实力也最为雄厚。金王先后获得"重点培育和发展的中国出口名牌""国家高新技术企业""中国民营企业 500 强"等荣誉称号。

## 一、广泛开展市场调研，精准定位国际市场

金王之所以能够成功开拓国际市场，关键在于企业对国际市场有着精准的市场定位。在创业初期，随着发达国家将其国内生产重心向发展中国家战略转移，我国外向型企业的生产与销售目标定位于发达国家市场，通过广泛的市场调研，金王了解到，在发达国家传统生活习惯中，蜡烛的使用率比较高，对蜡烛具有较高的消费需求，在每年全球 120 亿美元的蜡烛消费量中，75% 的市场份额归属于欧美等西方发达国家。同时，金王也了解到，我国在石蜡等自然资源方面具有相当丰富的贮存量，且开采成本较低，与国外企业相比具有较为明显的竞争优势。另外，在国内企业中，专门生产蜡烛的同类企业并不多，来自国内竞争对手的压力相对较小，因此，金王确定将蜡烛的生产和销售作为自己的主营业务，并将发达国家的市场定位为企业的目标市场。于是，凭借对目标市场的精准定位，金王顺利地将国内生产的蜡烛制品出口国外，成功在国际市场上占据了一席之地。

## 二、依托世界零售巨头，产品进入主流国际市场

1997 年，金王试图与美国沃尔玛集团接触，但这个世界顶级的跨国企业根本没有理会金王的合作意向。金王创始人陈索斌没有善罢甘休，在美国洛杉矶紧靠沃尔玛商场最繁华的商业街不声不响租下了一角柜台，开设了一个金王品牌蜡烛、玻璃、时尚礼品的专柜，并在当地知名报纸上打出广告，承诺顾客可以登记购买，如果货晚到一天，赔偿 5 美元。几天后，顾客在金王专柜前排起了长龙，一直延伸到大街上。此事引起新闻媒体的极大兴趣，金王品牌一夜间红遍洛杉矶。1998 年，金王通过了沃尔玛的严格验厂，成为沃尔玛全球连锁店的供应商。1999 年，金王和沃尔玛的交易金额为 300 万美元，此后每年

递增，到 2005 年，沃尔玛的订单金额已经达到了 3000 万美元。随后，金王产品又挺进德国麦德龙、法国家乐福等商业集团，与世界 500 强商业集团前 17 家建立了长期稳定的合作关系。金王通过与沃尔玛等零售巨头合作，产品顺利进入了国际市场的主流渠道，进一步增强了金王的国际市场竞争力。

### 三、重视科技创新，打造自主品牌

科技创新是金王成功开拓国际市场的关键因素之一。为了提高国际竞争力，金王重视产品的研发，加强自主创新能力。金王拥有全球 1200 余项专利技术，国际领先的自主研发中心被瑞典宜家家居、瑞士 SGS 授权为蜡烛产品标准检测机构。在核心技术的支撑下，金王打造自主品牌，以自主品牌开拓国际市场。从 2000 年自主品牌产品出口只占企业产品总销售量的 10% 到 2008 年提升到 60%，金王自主品牌在国际市场有了一定知名度、信誉度与美誉度，跻身国际知名品牌行列。目前，金王自主品牌已经在世界上 26 个国家注册登记，产品畅销全球 50 多个国家和地区，金王品牌产品得到了国际市场的广泛认可。

### 四、实施本土化策略，发展重点市场

长期以来，金王十分重视美国市场，对于美国市场的开拓与发展一直都是金王的业务重心。为了进一步开拓美国市场，2004 年，金王在美国阿肯色州本顿维尔城和洛杉矶成立了分公司，聘用当地的设计与营销人员，根据当地消费者的消费偏好更新与改造产品，成功实现了本土化策略，而中国的金王总部在最大程度上对于美国分公司给予支持与配合。金王的本土化策略在当地目标市场树立了良好的品牌形象，形成了以美国为中心，覆盖北美和南美地区的国际市场拓展网络。

### 五、通过对外投资，绕开贸易壁垒

贸易壁垒已成为发展中国家企业国际营销的主要障碍之一。金王先后在韩国釜山、越南胡志明市设立生产工厂，绕开贸易壁垒，降低生产成本，进一步扩大对外出口。韩国釜山占据良好的区位优势，在中美贸易中处于中转站，而且韩国的生产配套设施较为齐全，工业基础较好；在国际关系上，青岛与釜山结为友好合作关系，允许企业派遣劳务输出。考虑到上述因素，金王在韩国釜山设立新的生产工厂。正是由于韩国工厂的存在，在美国对中国的蜡烛实施反倾销法案中，金王成功维护住自己多年苦心经营的美国消费市场。2007年，欧盟对中国蜡烛实施反倾销调查。金王将在韩国釜山设立的工厂转移到越南胡志明市。越南的招商引资政策以及各种税收政策优惠力度较大，尤其是对外资企业实施所得税"免4减3"政策，成为金王向越南转移的最大动力。金王在越南的生产工厂不仅成功避开了欧盟实施的反倾销调查，而且通过战略转移降低了企业运营成本，提升了市场的竞争力，有效保障了企业国际营销活动的顺利开展。

青岛金王的成功表明，中小企业在规模较小、实力较弱的情况下，精准的市场定位是顺利进入国际市场的前提条件，而科技创新是开拓和占有国际市场的关键因素。金王的国际化之路堪称中小企业开展国际营销的典型案例，对有志于开拓国际市场的山东省中小企业具有十分重要的示范作用。

## 第三节　德国中小企业国际营销案例

德国中小企业国际营销活动开始于20世纪50年代。在德国，有一大批有"隐形冠军"之称的中小企业，它们凭借自己的技术能力活跃在目标缝隙市场之中，市场范围遍及全球各地。"隐形冠军之父"赫尔曼·西蒙研究指出：德国的出口贸易乃至整体经济的持续发展，主要原因得益于中小公司，尤其是一些在国际市场上处于领先地位却寂寂无名的中小企业。

### 一、市场聚焦战略

德国中小企业会投入全部的资源确保自己在缝隙市场中取得霸主的地位，它们认为多元化战略只会分散公司的精力。由于专业化程度高、规模小，因此它们无法获得规模经济。为了克服这个困难，它们积极开拓国际市场，让产品销售到全球，从而为企业提供充分的发展空间。全球化带来的规模效应足以让公司收回研发投入，并控制住成本。

### 二、技术竞争力强

掌握行业内最顶尖的技术，打造质量最高的产品是德国中小企业矢志不渝的信条。许多中小企业是家族企业，有着悠久历史，把企业做成一份长久的事业耕耘，在技术传承方面做得较好，具有很强的技术竞争力。德国中小企业的一个显著特点是喜欢"制造"，而不喜欢"购买"。它们坚定奉行独立自主原则，自行解决技术问题，甚至为了能够避开与大企业直接发生正面冲突，由企业自己生产所需的大部分零部件和原材料，从而在特定的细分市场缝隙中能够占据绝对的优势地位。

### 三、有限顾客思维

德国中小企业只关注顾客关注的东西，在竞争中并非样样都追求比对手强，它们集中资源，确保公司在顾客最关注的领域做得比对手强。有资料指出，顾客最注重的是产品质量、公司贴近顾客的程度、服务、是否节约、员工素质、技术领先性和创新能力。德国中小企业认为自己在产品质量、公司贴近顾客的程度和服务上表现极其出色，而在其他 4 项上，它们认为自己的表现仅在平均水平之上。

### 四、市场和技术同等重要

德国中小企业既不完全奉行"客户至上"原则，也不一味地追求技术领先优势，而是将市场和技术视为两个同等重要的驱动力。它们认为，倘若技术主宰一切，工程师们就会疏远客户，客户将蒙受损失；但是若让一门心思扑在客户身上的营销人员独揽大权，又会不利于技术的发展。企业发展的理想状态是，让懂技术的人与客户进行密切、频繁的接触和交流。

### 五、稳定的劳资关系

德国的"隐形冠军"很多是村镇企业，所有者兼管理者通常与员工生长在同一小镇里，因此他们之间的关系要比大公司中的劳资关系亲密得多，罢工和劳资纠纷极其罕见，人员流动率极低，管理层在处理内部问题上所耗费的精力自然比大公司要少得多。

与德国以高品质的制造业著称的风格相一致，德国中小企业遵循"技术驱动、品质占领市场"的路线，它们往往占据中高端市场，拥有丰厚的收益和利润空间。无论是在国际市场，还是在国内市场，德国中小企业都具备很强的竞争力，占据行业竞争力的上游位置。德国中小企业的发展模式——规模不大，但占据行业制高点，获得很高的市场份额和利润，值得山东省中小企业深思。

## 第四节　意大利中小企业国际营销案例

意大利被誉为"中小企业王国"，中小企业数量占全部企业总数的99%，员工人数占就业总人数的 78%，在 GDP 增量中的比重超过 60%，每年创汇 200 多亿美元，撑起了意大利对外贸易的半壁江山，成为意大利经济实力和国家竞争力的核心支撑大量。

## 一、集群化的企业发展模式

意大利被认为是除美国之外产业集群发展最为成熟、特色最为鲜明的国家。由于地域、经济发展过程和文化传统差异，意大利中小企业逐步形成了不同的集群，较为典型的是普拉托生产区、艾米利亚—罗马格纳产业区。普拉托地处意大利中北部，既是意大利重要的毛纺织中心，也是意大利纺织机械、化学等工业的生产基地。该区中小企业集聚密度高，虽然生产过程分散，资本集中程度低，但各企业在独立经营、密切协作的基础上，形成了一个结构完善、功能齐全的生产—销售—服务—信息网络，实现了现代规模经济生产，取得了显著的经济效益和社会效益。艾米利亚—罗马格纳产业区位于意大利北部，是欧洲最具经济活力和最为富庶的地区之一。该区中小企业遍布，以农产品和畜产品的加工业最为发达。主要行业有皮革、食品加工、农业机械制造、制陶、服装、化工、汽车、饲料加工等。据意大利国家统计局资料显示，意大利目前共有产业集群 156 个，居住人口 1250 万人；集群内制造业企业 21.5 万家，占全国制造业企业的 40%；制造业从业人员 200 万人，占全国的 39.3%；产值占国内生产总值的 27.2%。

## 二、"弹性专精"的企业生产方式

意大利中小企业在产业集群区内部实施高度专业化生产，严密分工合作，创造出了一种"弹性专精"的企业生产方式。在这种方式下，单一产品不同生产阶段的专业化是联结同一集样区的中小企业的纽带，通过纽带的联结，中小企业将生产过程分割为一系列渐进的过程，每个中小企业负责一个阶段，构成了企业间商业和生产内在联系的网络，使集群区内企业彼此依赖的规模经济得以实现。中小企业之间横向协调和纵向协作均十分密切，大多数企业只生产一两种产品或只从事某一环节的生产加工，只有少数企业负责向社会提供最终产品，既能有效避免企业间的恶性竞争，又能大大提高企业间互相合作生产的效率，真正发挥出中小企业产业集群的优势所在。

### 三、创新生产设计和管理模式

随着低成本优势的消失，"意大利制造"选择向高端消费品转型升级，巩固了其在传统消费品制造领域的领导地位，其成功的核心要素是生产设计的创新。意大利设计大师不但善于传承意大利传统文化，而且善于吸收世界先进、时尚的文化养分，创造了意大利民族优雅、浪漫、富于激情的文化特质。意大利中小企业的创新不仅体现在技术、工艺上，而且还体现在企业组织管理模式上。艾米利亚—罗马格纳产业区的中小企业发明了一种"即时生产系统"，即对生产的细致计划进行动态管理。在这一模式下，生产全流程高度透明，所有与生产相关的部门均可随时了解生产情况，现场主管或业务主管每天通过查看动态资料，及时进行指挥、调节、发料、清点、出货。这种管理模式提升了生产控制水平，使企业具备快速调节生产的能力，最终实现了及时高效的生产。

### 四、注重产品质量，打造国际品牌

意大利中小企业能在国际市场保持强大的竞争力，完全在于其产品的精益求精，而旺盛的创新能力使之能够不断走在消费潮流前列。意大利中小企业的生产非常专业化，特别注重技术更新和产品质量。它们之中有不少是世界上本行业的领军企业，主要依靠质量参与国际竞争，培育和树立了"意大利制造"精巧、别致、美观和实用的声誉，打造了许多国际知名品牌，如"范思哲""阿玛尼""普拉达""华伦天奴"等，这些世界顶级服装名牌占领了全球高档服装市场30%的份额。

意大利人用三个"F"字母来概括意大利中小企业成功的秘诀：灵活性（Flessibilita）、想象力（Fantsia）和自信心（Fiducia），它们的意思是指中小企业生产经营灵活，在产品创新方面有丰富的想象力，在企业经营潜力和驾驭国际市场机遇方面充满信心。意大利中小企业发展的经验值得山东省中小企业学习和借鉴。

# 第五节　中小企业国际营销发展模型

通过上述对国内和国外优秀中小企业案例的论述和分析，我们可以梳理归纳出中小企业国际营销活动成功发展的内在规律，并进而建立中小企业国际营销发展模型。

## 一、中小企业国际营销发展特点

### （一）国际目标市场选择利基市场

国际市场是包括东道国企业和全球跨国公司等众多企业在内的竞争场所。这些企业规模大、实力强，在市场竞争中往往占据着国际市场的主流和主要部分，国际市场只是剩下了一些缝隙市场，即所谓的"利基"市场；而中小企业规模小、实力弱，但是经营灵活，市场反应快，因此，不管是传统中小企业还是天生国际化中小企业，把国际市场中的利基市场作为自己的目标市场是一个必然的、正确的选择。

### （二）依靠制造，借助产业链进入国际市场

国际市场竞争激烈，市场环境较为陌生，中小企业由于实力弱，竞争力差，一般情况下，产品很难直接进入国际市场。因此，借助产业链，以 OEM

方式作为大企业的供应商或为大企业提供配套的中间产品和服务的方式，作为产业链的一个环节成为中小企业进入国际市场的一个捷径。不管是 OEM 方式还是提供配套的中间产品和服务等产品，在产业链中都是处于附加值的低端——制造环节。这也是中小企业进入国际市场所付出的代价。

（三）技术和品牌是国际营销活动发展的关键因素

中小企业借助产业链顺利进入国际市场后，一般处在微笑曲线的中间环节，也就是附加值最低的制造环节。产业链的研发、营销等关键环节被大企业掌握，中小企业依附于大企业而存在。条件好的中小企业，生产重要零配件；条件差的中小企业，生产普通零配件，甚至没有机会进入大企业的产业链。中小企业要改变这种依附的地位，在产业链中有话语权，要以此为契机，学习大企业的先进技术和管理方式，从技术入手，向微笑曲线的左端移动，提高产品的技术含量和附加值；在此基础上，熟悉国际市场，积累国际营销的经验，向微笑曲线的右端移动，打造自主品牌，占领国际市场。

## 二、中小企业国际营销发展模型

根据价值链理论，企业的价值创造是通过一系列活动构成的。中小企业由于规模小，资源有限，企业的价值创造主要通过制造、研发和营销等这些战略环节来实现。这些战略环节创造的价值会随着中小企业国际营销的发展变化而变化，有的变大，有的变小。根据战略环节的变化及创造的相对价值，中小企业国际营销发展过程可分为起步阶段、发展阶段和腾飞阶段。

（一）起步阶段

在国际营销的起步阶段，面对陌生的环境，为降低进入国际市场失败的风险，中小企业通常借助产业价值链而进入国际市场。这个阶段，中小企业国际营销的重点任务是发挥劳动密集和低成本的制造优势，加强管理的规范化，提高产品的质量，争取到东道国企业或跨国公司的订单，顺利进入国际市场中。

在此阶段，制造环节是中小企业的战略环节，企业的价值创造主要通过制造环节来实现。

（二）发展阶段

在国际营销的发展阶段，为改变在产业链中的依附地位，争夺产业链的话语权，中小企业开始向微笑曲线的两端转移。这个阶段，中小企业国际营销的重点是借助大型企业提高自己的技术实力和管理水平，同时尽快熟悉国际市场，打造自主品牌，在国际市场中占有一席之地。在此阶段，制造环节虽然还是中小企业的战略环节，但是其重要性下降；研发和营销环节得到重视，其战略地位和发展潜力已开始显现，技术和品牌成为企业价值创造的一个重要因素。

（三）腾飞阶段

在产业链中有了一定的话语权后，中小企业实力增强了，规模也扩大了，这时候，中小企业面临着选择：是多元化发展还是继续坚持集中化。如果选择多元化发展，中小企业的目标是成长为大企业，这可能不在本书的研究范围了。中小企业继续专注自己的利基市场，坚持集中化，经过多年的努力和积累，不仅拥有自主知识产权，掌握行业标准，占据产业链高端，而且在自己的产品或领域内占有很高的市场份额，有着独特的竞争优势，发展成为隐形冠军。此时，中小企业国际营销进入了腾飞阶段。在此阶段，研发和营销已成为中小企业的战略环节，是企业价值创造的主要活动。

根据中小企业国际营销发展阶段及其战略环节的对应变化关系，我们可以构建中小企业国际营销发展模型（见图4-1）。中小企业国际营销发展模型对中小企业开展国际营销活动具有一定的指导价值。中小企业根据国际营销发展模型，可以判断自身处于国际营销的哪一个发展阶段，明确所处阶段的竞争优势来源，预判下一步的发展方向，有助于在国际市场上的生存与发展。

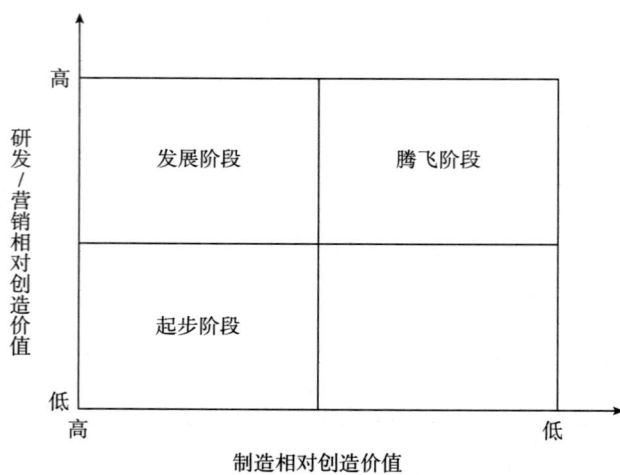

图 4-1　中小企业国际营销发展模型

# 第五章　山东省中小企业国际营销战略与策略选择

国际营销战略与策略是企业开展国际营销活动的核心因素，其战略与策略选择是否恰当直接关系到中小企业国际营销活动的成败得失。通过对国内外中小企业成功开展国际营销活动案例的论述与分析，构建中小企业国际营销发展的模型，结合山东省中小企业国际营销活动现状，本章具体研究山东省中小企业国际营销战略与策略的制定和选择。

## 第一节　山东省中小企业国际营销战略选择

山东省中小企业国际营销活动大多处于初级阶段，以出口为主。由此可见，山东省中小企业国际营销活动还有很大的提升空间。本书所涉及的主体为以从事制造业为主的山东省中小出口企业，以下结合国内外成功范例来探讨山东省中小企业在开拓国际市场上的营销战略。

### 一、目标市场营销战略

市场是企业生存的基础和环境。选择目标市场是企业开展营销活动的第一步。面对十分巨大的国际市场，任何一个企业都不可能满足所有顾客的多元化需求，因此，在进行国际营销活动时，企业首先要对整体市场进行细分，在此基础上对细分后的市场进行调研评估，从而选择适合企业自身的目标市场，进而确定自己在目标市场上的位置。

（一）利基市场营销战略

就中小企业而言，无论是资金实力，还是规模，均不可与大企业同日而语，如果在规模较大或大企业感兴趣的细分市场上与大企业竞争，则无异于以卵击石；但是，与大型企业相比，中小企业规模小，经营灵活，具备一定的比较优势，因此，选择规模较小且大企业不感兴趣的细分市场——利基市场，中小企业既能有效避开大企业咄咄逼人的锋芒，又有可能发挥比较优势，开拓新的市场，成为新市场的领导者与开拓者，从而有效拓宽生存和发展的空间。在消费者个性化需求越发明显的今天，产品种类更加趋于多样化，虽然大企业实力强大，具备规模经济效益，但过于细分的市场，大企业往往无暇顾及或不感兴趣，中小企业则具备这方面的优势，拾遗补阙，见缝插针，能够充分了解和满足利基市场的需求。因此，市场细分越是微小，市场需求越是动态变化，就越能体现中小企业灵活多变的优势，越能成为中小企业有效抗衡大企业的优势所在。因此，山东省中小企业应选择利基市场作为自己的国际目标市场营销战略，通过深度的市场细分，发掘未满足或未完全满足的市场需求作为自己的目标市场。基于此，集中企业全部资源，将自己最为擅长的事情在目标利基市场发挥到极致，通过专业化服务的形式实现企业利润最大化。如此这样，山东省中小企业既能有效避开大企业的锋芒，脱离"虎口夺食"的危险境地，又能发挥自身优势，利用有限的资源开发更加广阔的国际市场，趋利避害，达到不战而屈人之兵的目的，从而为其发展带来无限生机。

对于中小企业来讲，立足于利基市场是一种适合其开展国际营销活动的有效战略。通常来讲，中小企业将利基市场作为自己的目标市场，应重点从以下方面着手：①关注大企业尚未进行过积极营销的特定区域，或者目前大企业尚未涉足的新兴市场领域。②被大企业视为鸡肋而不愿分散精力的、品种多、利润低、批量小的市场领域。③市场风险大，竞争变化较大，大企业通常不轻易涉及的市场领域。对于山东省中小企业来讲，要加大细分领域创新力度，研判消费升级需求，依托互联网技术推进创新平台、个性化定制发展，在产品质量、技术工艺、产业链条的空白点和薄弱环节上寻求突破，满足消费者对产品和服务的个性化、多样化、高端化、体验式消费，做小众市场的"小霸王"。①

选择确定目标市场不是企业营销的根本目的，成功占领目标市场才是营销的最终目标。在选择目标市场时，山东省中小企业除了要考虑大企业等相关竞争者之外，还要考虑自身的情况，根据企业自身的优势和特色"量身定做"自己的目标市场。山东省中小企业既不能够采取多品牌战略，又不能占领多个目标市场，因此，在向国际市场提供产品与服务时，应更加尊重目标市场的个性化需求，集中主要力量，将有限的资源集中在一个或几个较小的目标市场，为顾客提供能够充分展现自身优势或特色的产品或服务，从而成功实现国际市场营销，逐渐把市场做大，把企业做强。

利基市场是较小的市场，回旋余地很小，山东省中小企业选择利基市场作为目标市场时，最大的风险是当竞争者入侵或目标市场的需求发生变化时有可能陷入绝境。所以，企业有三项主要任务：第一，保护利基市场。中小企业要永不满足，不断创新，掌握主动，在产品质量、新产品开发、顾客服务等方面成为市场领导者，持续增加竞争效益和顾客让渡价值。第二，扩大利基市场。根据长尾理论，中小企业扩大利基市场的最好办法是寻找尚未使用本企业产品的国家和地区，开发新的国际市场。第三，创造新的利基市场。根据蓝海战略，中小企业创造新的利基市场，也就摆脱了市场竞争，跨入了蓝海。如果能够在多个利基市场上发展，中小企业就避免了风险，扩大了生存和发展的

---

① 山东省中小企业局. 关于加快推进全省中小企业新旧动能转换的实施意见［R］. 2018.

机会。

（二）目标市场的覆盖模式

根据经济发达和市场的成熟程度，全球市场可以划分为四种区域：①西方发达国家，如美国、西欧以及日本等。②资源出口国家和地区，如中东、拉美石油输出国以及非洲部分国家和地区。③发展中国家以及经济转型国家，如亚洲大多数国家、东欧等国家。④相对落后的农业国家和地区，如亚洲、非洲部分国家和地区。

根据自身的实际情况，山东省中小企业应合理选择目标市场的覆盖模式。西方发达国家市场成熟度高，竞争激烈，消费者购买力强，需求层次较高，风险与机遇并存；资源出口国人均收入高，市场购买力强，交通较为便利，信息灵通，比较容易进入；发展中国家以及经济转型国家人均收入水平、市场成熟度、消费需求层次等与我国市场较为接近，产品无须做出较大改动就可以在本区域销售，进入较为便捷。

1. 目标市场覆盖由易到难

受规模小的限制，中小企业抵御市场风险的能力较差、市场竞争力较弱以及国际市场较为陌生等因素决定了其国际营销活动不是一个一蹴而就的过程。山东省中小企业采取"由易到难、逐步升级"的渐进式目标市场覆盖模式，一步一个脚印，逐步积累开拓国际市场的经验和教训，能够有效降低企业进入国际市场所面临的风险，进而提高企业开展国际市场营销活动的成功率。日本中小企业在进军国际市场时，首先在东南亚诸国以及邻近地区开展国际营销活动，进而向巴西、印度等国家扩张，最后才向欧美发达国家扩张。事实上，许多国内外优秀企业的国际营销活动也验证了这一发展战略的科学性和可行性。

根据"由易到难、逐步升级"的目标市场覆盖模式，结合上述对全球市场划分的区域，我们可以得出，山东省中小企业的目标市场选择应遵循"先发展中国家，后发达国家"的进入路径。首先选择企业所了解的、文化背景以及地理位置与我国市场相近或相似的国际市场作为首要目标市场，比如我国周围发展中国家，尤其是经济发展速度较快的东南亚诸国，如越南、马来西亚、泰国等国家，然后逐渐向东欧、俄罗斯、中亚等国家或地区的市场扩展，最后再向地理位置更加遥远、社会风俗、文化背景差异更大的西方发达国家市场进军。与此同时，山东省中小企业还应积极拓展非洲、拉美等国家新兴市场。这种渐进式目标市场选择次序是与山东省中小企业综合实力相匹配的一种客观选择，能够有效解决中小企业进入国际市场不适应和缺乏经验等问题。

2. 目标市场覆盖由难到易

目标市场由难到易的覆盖模式是指企业先进入西方发达国家市场，以占领世界最大市场，然后再走向发展中国家市场。这种覆盖模式风险和机遇并存，需要企业具有强大的信心和决心。在消费者最挑剔、最讲究的市场上，在强者如林、竞争激烈的市场上，中小企业一方面面临失败的可能性很大，另一方面能够迅速提高能力，培养竞争优势，从而能够占据市场制高点，进而居高临下顺势进入其他市场。中小企业只要在发达国家市场树立起良好的品牌信誉与产品形象，就象征着自主品牌得到了最挑剔消费者的认可，这时向中等发达国家或发展中国家市场进军时，就容易得到这些国家市场消费者的认可。海尔在开拓国际市场时，首先进入的是美国市场，海尔二十余年国际化的成功验证了这一战略思路的可行性。

3. 目标市场覆盖全面化

目标市场覆盖全面化是指企业以全球市场作为目标市场，同时满足全球顾客需要。一般情况下，实力雄厚的大企业在国际营销的一定阶段会采取这种市场覆盖模式，以求收到良好的效果。但是，随着网络信息技术的迅速发展与在世界范围内的普及，尤其是移动互联网的应用，利用互联网技术开展市场营销，已经成为企业重要的营销活动方式。无论是大还是小，也无论发展程度如何，企业都可以利用互联网资源在全球市场内寻找机会，实现国际经营的目的。所以，这就使中小企业能够采取目标市场覆盖全面化模式成为可能。

在资金、人才相对缺乏的不利情况下，中小企业可以利用互联网上的各种平台便捷开展市场调研与预测、产品市场推广、顾客服务等营销活动。由于网络营销不受时间、空间的限制，也不受自然条件的影响，更有利于中小企业在全球范围内推广其产品，从而有利于提高其产品知名度，树立良好的品牌形象，提高企业的竞争力。而且，通过互联网直接进行电子商务能够最大程度上降低买卖双方的交易成本，有利于双方交易的顺利达成。因此，通过互联网在全球目标市场开展营销活动成为中小企业覆盖目标市场的一种模式。

从整体来看，目前山东省中小企业开展国际营销活动并不成熟，尚处于非直接对外营销阶段和非经常性对外营销阶段。中小企业要真正积极开展国际营销活动，无论从技术、人力资源、资金等方面来看，还是对目标国家市场的了解程度来看，都存在着严重的短板和"瓶颈"，需要一段较长时间的积累和成长的过程。事实上，中小企业开展国际营销的过程，也是其做强、做大的过程，这一过程最好的实现模式便是渐进式发展模式。渐进式发展模式有利于中小企业沿着学习曲线积累国际经营的经验和教训，深入了解目标国家市场的情况，培养国际化经营人才，提高企业国际化经营能力，同时也有利于减少决策的风险，增强企业抵御市场风险的能力；反之，中小企业若违背发展规律，想要在短时间内迅速成长为大型企业，不仅不利于企业的国际营销进程，也会为企业生存与发展带来严重的危机。

## 二、竞争战略

竞争是市场经济的本质特征。在国际市场上，参与主体多元化，涉及因素复杂，市场竞争更加激烈。山东省中小企业在科学选择目标市场、满足目标顾客需求的基础上，必须制定和选择正确的竞争战略，直面对手的竞争，才能在国际市场上争得一席之地。

（一）集中化竞争战略

中小企业规模较小，实力有限，在国际市场中，无法与大型企业直接正面相抗衡，只能通过寻找竞争对手的市场缝隙——利基市场求得生存与发展。根据迈克尔·波特的三大一般性竞争战略，即成本领先战略、差异化战略和集中化战略，山东省中小企业在利基市场上应采取集中化战略，也就是说，集中有限的人力、物力和财力等资源，力争在被大型企业所忽略或不屑一顾的目标市场中占据优势地位，从而获得最大利益。

集中化竞争战略对于中小企业开展国际营销活动具有十分重要的意义。中小企业采用集中化竞争战略时，将企业的主要资源集中于一个或少数几个小的细分市场，根据目标市场的需求，实现精细化生产与销售，而非分散资源于多个市场中。也就是说，集中化竞争战略的核心在于在较小的细分市场中实现较大的市场占有度，即"做小池塘中的大鱼"。凭借该竞争战略，国内外诸多中小企业取得了经营上的成功，如海尔集团在美国市场成功实现其扩张战略、义乌双童吸管公司在其经营领域为取得巨大成功、德国中小企业中诸多的"隐形冠军"等。因此，在有限的、较小的细分市场上做精做好，从而实现较大的市场占有额也应成为山东省中小企业国际营销的主要竞争战略。

（二）集群竞争战略

企业集群，是指在某一特定领域内，以某一主导产业为核心，相关产业、行业及其支持机构在该区域空间内集聚，通过社会化分工和专业化协作形成一个完整的产业链，并建立持续且强劲的竞争优势。在日益激烈的市场竞争中，大企业拥有资金、技术、规模以及品牌上的巨大优势地位，中小企业仅仅依靠自身力量很难获得竞争优势，只有依靠大量中小企业的联合，形成企业集群，获得集群外的企业所不具备的外部规模经济与范围经济优势，才能具备与大企业"扳手腕"的实力，进而提高在市场竞争中的主动地位。美国硅谷的繁荣、意大利经济的振兴、我国东南沿海经济的起飞在很大程度上归功于中小企业集群的出现。

中小企业可以利用集群优势开拓国际市场。中小企业集群作为一个整体向国际市场进军，以整体的企业形象参与国际市场竞争，满足目标市场需求，实现企业的经营目标。通过集群产生的协同效应，企业在市场调研与预测、市场拓展、产品设计与研发、产品生产、产品推广等方面分工协作，互通有无，取长补短，从而形成企业集群国际营销的优势。

改革开放 40 多年来，在山东省委、省政府对产业集群和特色产业镇发展的政策和财政支持下，全省特色产业镇和产业集群的龙头带动、产业协作配套和公共服务能力得到明显提升，中小企业由"小而散"转向"小而群"，更好地发挥集群效应。截至 2015 年底，全省年销售收入过 5 亿元的产业集群发展到 329 个，集群内企业达 9.48 万个，产业集群创造的销售收入、利税约占全省中小企业的三分之一以上。产业集群和特色产业镇发展已经成为山东省中小企业发展的新动力、新引擎。① 因此，以集群的方式进入国际市场，是山东省中小企业实现国际化经营的一个现实的选择。

（三）寄生式战略

经济全球化进一步推动了生产分工与协作的发展，大企业为了获取更高的经济收益，将很大一部分的产品零部件或服务外包给中小企业完成，而自己只保留核心的研发与生产技术。在经济发展水平较高的国家，中小企业生产完整的产品的比重不足一半，大多数是为大企业提供配套服务，这在一定程度上为中小企业提供了发展的契机。在国内，中小企业基于大型企业生产外包的寄生式战略，将企业做大做强的案例不胜枚举。例如，著名的万向集团是从进入美国通用汽车公司和福特汽车公司的配套体系而在美国市场站稳了脚跟，经过多年的努力成长为跨国公司。由此可见，依托大型企业，通过专业化分工实现共

---

① 《山东中小企业年鉴》编委会．山东中小企业年鉴 2016 ［M］．北京：中国文史出版社，2016.

同发展的寄生式战略同样可以成为中小企业进入国际市场、实施国际化经营的一个选择。山东省中小企业可考虑采取如下形式实施寄生式战略。

1. 为大企业提供配套生产业务

中小企业可以成为大企业所需零部件或配套产品的供应商，这一关系确立之后，中小企业与大企业便紧紧地联系在一起，大企业所拥有的国际市场同样也被中小企业所占用，中小企业再也不需要为市场、订单、销售等大费周章，而且还可以利用大企业的营销网络、先进技术等提升自身的企业形象、产品质量等，增强抵御市场风险的能力，为其从事国际化经营创造良好的环境。

2. 承接大企业的外包业务

山东省中小企业可以充分利用自身优势，积极与大企业展开合作，通过发挥自身的特长，寻找适合自身的外包业务，成为供应链环节中的一部分，如在生产环节中承包业务，为大企业生产整体产品所需的全部或部分零部件、半成品、原材料等；在销售环节中承包业务，为大企业产品销售提供代理业务或特约销售以及为大企业运送产品等。山东省中小企业积极加入大企业的外包经营业务中，就能充分发挥自身的独特优势，有效提高竞争力。

3. 加入国际产业分工与合作的全球性网络

山东省许多中小企业在技术密集型、劳动密集型和生产管理方面具有较强的实力，这些中小企业可以凭借自身的竞争优势以尽可能低的代价加入到国际产业分工和合作网络，这是山东省中小企业进入国际市场的捷径和重要策略。例如，中小企业可以凭借跨国企业进入我国采购之机，凭借其卓越的生产制造能力，参与国际产业分工与合作，融入全球供应链体系；同时，可以利用国际分工与合作机制，获得更多的技术、资源与学习成长的机会，将产品品质管理纳入统一的国际质量标准体系中，构成全球生产和销售网络的一部分。

寄生式战略的最大弊端是导致中小企业依附于大企业而存在，大企业一方说了算，中小企业严重缺乏自主创新能力。2018 年 11 月，工信部、发展改革委、财政部、国资委四部门联合印发了《促进大中小企业融通发展三年行动计划》，山东省中小企业要充分利用国家政策，积极参与融通发展，明确自己的优势，将与大企业之间的配套协作关系转变为创新合作关系，不再依附于大企业，实现大中小企业多方面资源共享、优势互补，构建大中小企业融通发展的产业新生态。

## 第二节　山东省中小企业国际营销策略选择

营销策略是企业在目标市场上开展营销活动的手段或措施。山东省中小企业在选择国际目标市场后，必须在目标市场上制定并实施与之相适应的国际营销策略，以满足目标顾客的需求，实现企业的经营目标。

### 一、国际营销组合策略

与传统意义上的 4P 营销组合相同，国际市场营销组合也包括产品、价格、分销与促销四个方面（以下简称 4P）。在目标市场上，能够灵活运用 4P 策略是中小企业国际营销活动成败的关键因素。山东省中小企业进军国际市场后，需要结合自身实际情况，根据目标市场的需求特点，灵活选择、慎重运用 4P。

（一）产品策略

产品是企业经营活动的载体，产品策略是价格策略、分销策略和促销策略的基础。产品策略成功运用与否，很大程度上决定着企业国际市场营销活动的成败。山东省中小企业规模小，出口以劳动密集型产品为主，在选择产品策略时，应该遵循"发挥特色、形成优势"的原则，可以采取以下基本产品策略。

1. 产品标准化策略

产品标准化策略是指当顾客的共性需求占主导地位时，企业向不同国家和地区的所有市场都提供相同的产品。山东省中小企业以 OEM 方式作为大企业的供应商或者为大企业提供零配件等中间产品时，处于产业链的制造环节，应采取产品标准化策略。这是因为，一方面受限于大企业的限制，产品不需要差异化；另一方面标准化能够形成规模效益，降低生产成本。

2. 特色产品策略

山东省中小企业由于规模小，实力有限，不能实现多元化经营，只能将自身有限的资源专注于一部分顾客群体，集中精力做某种或某几种产品，并且努力将产品做专做精，形成特色以赢得良好的口碑，力求在细分市场中形成竞争优势。形成特色产品可以通过特别的外观、新奇的设计以及独特的技术等来实现。山东省中小企业可以选择国际华人聚居地作为目标细分市场，生产具有中华民族文化特色的产品吸引广大国外同胞，如以"龙文化"为基础设计的各种工艺品、以"京剧文化"为基础设计的特色产品等，这些产品在向国际华人推广的同时，也吸引了大量外国消费者的眼球，产生较高的国际知名度，极大地促进产品的销售。

3. 定制产品策略

随着消费者日益多元且个性化需求的发展，大批量生产、大批量消费的标准化产品时代已经一去不复返。面对个性化需求时代，企业要想生存与发展，就必须精准了解消费者需求，实现"私人订制"，即所谓的精准营销。中小企业经营方式灵活，市场反应快，多品种小批量生产，因此这种精准营销使中小企业比大企业更具优势。中小企业能够迅速捕捉市场上的每一个商机，更易于针对不同需求的消费者设计、生产不同类别的商品，提高了产品和服务的适应性、灵活性。个性化定制时代的来临，为山东省中小企业成功实现国际营销提供了良好的社会条件，可以有效形成中小企业的核心竞争力，推进中小企业的国际化经营进程。

4. 本土化产品策略

企业的一切经营活动要以目标消费者为核心。在国际市场上，产品本土化的宗旨在于以当地消费者需求为导向，也就是要入乡随俗，目标市场需要什么类型的产品，企业就开发和生产什么类型的产品，利用消费者主导型的营销策略来适应与引导目标国家和地区消费市场，为当地提供符合其价值观、文化诉求以及技术标准的产品，从而能够更好地融入国际市场。

（二）价格策略

在市场竞争中，价格策略常常被作为一个重要的竞争手段被广大企业所运用。相对于国内市场营销，在国际市场营销中，由于受更多因素的复杂影响，如不同消费习惯的消费者、形形色色的竞争对手以及目标市场国家的各种价格管理、关税政策、贸易保护主义等因素，企业实施价格策略会有很大的阻碍。

价格策略在实施过程中通常需要考虑多种因素，包括定价策略的选择、定价方法的确定、调价策略的选择以及价格趋势的预测等。另外，企业自身实力、产品的性质特点以及国际营销的时间长短等均对在国际市场上实施价格策略造成一定的影响。山东省中小企业资金有限、国际营销经验欠缺，必须努力研究产品的定价策略，从而力争赢得竞争优势。通常而言，中小企业在进入国际市场时，可以采取以下三种价格策略：

1. 撇脂定价策略

在进入国际市场时，中小企业将产品价格定得较高，主要针对顾客对特色产品的追求以及消费者对优势产品的依赖而制定的策略，即所谓的高价策略。通常而言，产品价格越高，产品质量越好，品牌知名度也相应地更高。在采取撇脂定价策略时，中小企业要学会摸透消费者的消费心理，对于能够体现消费者品位的产品或者能够张扬个性的产品等就可以采取撇脂定价策略。

2. 渗透定价策略

在进入国际市场时，中小企业将产品的价格定得较低，即所谓的低价策略。这一策略主要针对的是消费者经常购买和使用的产品或大众化产品。长期以来，山东省中小企业在国际营销活动中大都凭借产品低价的优势参与国际竞争，因而这种策略被过度运用而饱受诟病。这种策略的运用应该结合产品特征和消费者的需求状况，而不是一味地运用。企业滥用该策略除了会导致市场上出现恶性价格竞争外，更严重的可能会引起目标市场国家采取管制措施，对其实施关税壁垒或反倾销税等措施，从而造成产品的竞争力下降，为企业的生存与发展带来严重的后果。

3. 满意定价策略

无论是撇脂定价策略还是渗透定价策略，一般都是从企业角度进行考虑，没有考虑到消费者的消费需求与利益。实际上，消费者如果不接受产品价格，企业就不可能打开销路，因此，企业在进行定价时应该首先考虑顾客对价格的接受程度。采用满意定价策略就是一个比较符合消费者利益需求的定价方法。首先，根据企业生产成本和市场总体情况制定一个初始价格，其次根据不同国家市场、不同竞争对手以及不同消费者做出一定的调整，实现价格弹性变动。这种定价策略既能考虑到企业的整体效益的实现与战略目标的达成，又能充分考虑消费者的利益诉求以及竞争对手的策略，从而能够实现企业的可持续发展。

（三）分销策略

国际分销策略是指企业所生产的产品由一个国家或地区流向另一个国家或地区的消费者或用户所经过的各个环节和途径。从起点和终点看，商品所有权的转移发生在不同的国家或地区。企业生产的产品要想成功地进入目标国市场，需要采取一定的分销策略，这一策略主要是指分销渠道的建立，既可以利用已有的分销渠道，也可以新建分销渠道。企业究竟是选择新建分销渠道还是借助现有渠道，需结合企业自身产品特点、目标国市场的社会环境，政府政策以及市场竞争程度等，在充分考虑自身条件的基础上，进行成本效益比较分析，综合考虑所有因素，做出最佳分销决策。

通常来讲，企业为了能够在目标国市场上获得一定的市场知名度，在加强对目标市场掌控程度的同时，积累丰富的国际营销经验，通常会采取新建分销渠道的策略，但是这种策略往往需要较高的资金投入，成本较高，风险也就越大。山东省中小企业由于规模小、实力弱，抗风险能力差，一般不会建立新的分销渠道，而是借助目标市场上现有的分销渠道。借助现有分销渠道可以有效克服建立新的分销渠道的缺点，中小企业以较低的成本投入迅速进入目标市场，但同时也存在企业对目标市场的掌控程度较弱，企业与中间商之间存在利益冲突等若干问题。

代理商是中小企业开展国际营销活动的重要中间商和销售渠道，代理商工作效率的高低、业绩的好坏直接关系到中小企业在国际市场的生存与发展。鉴于目前代理商在进行产品销售时存在诸多的问题，山东省中小企业应该建立健全切实可行的代理商管理机制，如明确代理商应如何实现企业的销售目标，完善企业对代理商的绩效考核机制，对其在工作态度、业务能力、售后服务、工作效率、危机处理能力、协调能力等各方面因素进行评分审核，并在管理制度中明确赏罚的具体规定，完善激励政策，提出惩罚措施，甚至可以终止合作。对优秀代理商给予表彰嘉奖，对业绩连续增长的代理商给予资金奖励，对业绩较差的代理商减扣佣金，对无作为的代理商采取终止合作、另寻优秀的代理商等，以此调动代理商的积极性和紧迫感，推动代理商的成长。

同时，企业应制订代理商培训计划，对业务能力差、工作效率低的代理商进行培训。对代理商进行培训可以促进企业与代理商之间的沟通与互动，代理商能够针对企业产品销售中存在的问题提出建议，企业也能为代理商在营销活动中遇到的问题进行处理，互助互惠，加深合作关系，从而使双方的矛盾与分歧更好地得以解决。建立完善的代理商管理制度，既是山东省中小企业实现国际化经营的初始环节，更是实现国际市场营销的基础环节。

当中小企业以 OEM 方式作为大企业的供应商或为大企业提供零配件和服务的中间产品时，中小企业不需要考虑产品销售的问题，当然也无须考虑分销渠道的问题。但是，中小企业要发展壮大，要以此为契机，积累国际市场营销的经验，为采用合适的分销策略而做好准备。

（四）促销策略

促销策略是指企业通过一些媒介或营销手段来向消费者宣传、介绍其产品，从而能够激发消费者的购买欲望，实现产品的销售。企业运用促销策略，向目标市场消费者传递信息，实现二者的沟通与互动。与国内市场相同，国际市场也需要进行促销，甚至在某种意义上讲，由于各国之间经济、社会发展存在的巨大差异，国际促销策略的选择比国内更加复杂、关键。营业推广、人员推销、广告促销等均是企业实现国际促销活动常用的手段，但考虑到山东省中小企业规模小，实力有限，大规模的人员推销或者广告轰炸对其既不现实，也无必要。因此，适合山东省中小企业促销策略的手段主要在于借助目标市场的中间商、零售商实现促销活动，但是，这种借助第三方的促销策略会导致企业难以形成对目标市场的控制力，对消费者的需求变化敏感较弱，也就难以实现长期可持续发展。因此，山东省中小企业应该创新国际市场促销活动，选择适合自身实际情况的促销策略。

1. 通过展览会实现促销

一般每个国家都会定期举办国际展览会，山东省中小企业可以利用这个平台进行国际市场的开拓。通过展览会平台，一方面，中小企业能够全面及时地对目标市场行情进行了解，在开展营销活动时更具备针对性；另一方面，中小企业可以提高与顾客进行接触与贸易洽谈的机会，成功向国际客户推销企业产品，推动自身的国际化进程。

2. 利用关系营销进行促销

关系营销是中小企业开拓国际市场的利器。在利用关系营销进行促销时，应该遵循以下基本原则：其一，互惠互利原则，互惠互利是中小企业利用关系进行促销的精髓，应作为首要原则；其二，主动沟通原则，中小企业应该主动与目标市场客户进行沟通，了解其需求，解决其困难；其三，诚实信用原则，诚信作为企业立业之本，应该引起企业足够的重视，尤其是在注重商业信用的今天，诚信对于企业的发展至关重要。只有严格遵循上述基本原则，中小企业才能在国际市场上树立起良好的企业形象，促进企业的可持续发展。

3. 通过提供优质服务实现促销

在现代市场竞争中，产品种类日益丰富多样，消费者有诸多选择的余地，对于相同的产品，既可以因为服务周到而实现产品增值，也可能因服务不到位而导致产品减值。在"服务创造价值"的理念指导下，中小企业必须注重处理好消费者与企业的关系，在售前、售中与售后都要做到全心全意为消费者服务，利用其对市场反应快的特点，及时为消费者提供大企业缺乏的个性化、人性化的优质服务，通过良好的服务激发消费者的购买欲望，促进产品的销售。

## 二、网络营销组合策略

网络营销是现代互联网技术与企业营销活动相结合的产物。作为一种新兴的营销活动，网络营销正受到世界范围内中小企业的青睐，主要原因有：其一，网络营销投入小、成本低，能够迅速地向国际市场传播企业的营销信息；其二，网络营销不受时间、空间的限制，能够尽可能拓宽企业的销售渠道，扩大企业的目标市场范围；其三，网络营销能够实现企业与消费者的实时、直接沟通，建立产品由企业到消费者的直销渠道，从而减少批发商、零售商等中间环节，大大减少交易费用，有利于销售的实现。因此，中小企业在国际市场开展网络营销活动，既可以降低营销成本，提高经济效益，又能在全球范围内建立起营销网络，拓展目标市场范围，对于中小企业的生存与发展具有重要的促进作用。

（一）网络市场的特征

随着互联网的普及和网民数量的急剧增长，网络市场从传统实体市场中独立出来，成为整体市场的一个重要组成部分，众多的网络用户构成了网络市场。网络市场的经营不受时空限制，是一种无店铺、无存货的经营方式。一切网络营销活动都是围绕着网络市场而开展的。

1. 网络市场的广泛性

互联网技术突破了物理距离的限制，使网络市场的空间大大扩展。只要能够接入互联网，任何地方都可以成为网络市场的一部分。从过去受地理位置限制的局部市场，一下子拓展到范围广泛的全球性市场，企业网络营销活动面对的是开放的和全球化的市场。

2. 市场需求的个性化

有人说：互联网的本质是消除信息不对称。在网络市场中，消费者将拥有比过去更大的选择自由，他们可根据自己的个性特点和需求在全球范围内寻找满足品，不受地域限制；还可以根据自己的需求直接向企业下订单，参与产品的设计制造和更新换代，使企业的营销环节大为简化，因此，消费者由原来的被动接受转变为主动参与，消费者个性化需求的满足成为可能。

3. 用户之间的互动性

在互联网上，每个人有浏览信息的权利，也都有发言的权利。在网络交易中，购物平台为了消除用户的购买风险，鼓励用户放心购买，一般会设置买家评价功能，请买家在购买后发表评论和给予打分评价。这种做法能够把用户的意见传递给企业，促进企业和用户的沟通，消除买家的购后失调感，更重要的是在用户之间形成了互动，有助于其他用户了解产品信息，吸引更多的潜在顾客。这些互动的评价对企业营销活动有着非常重要的影响，这是传统营销不具备的。

4. 网络交易的非虚拟性

"在互联网上，没有人知道你是一条狗"，这是一句广泛流传的话，以此来说明互联网的虚拟性。① 其实，不管是卖家还是买家，在网络市场上都是实实在在的。在第三方购物平台上，商家和用户为了实现交易，都需要填写自己的真实资料并经过审核才能注册为网站会员；在自营购物平台上，企业也尽可能提供证明自己真实存在的信息，以提高网站的可信度。另外，O2O 模式、企业从线上到线下延伸等充分说明了网络交易是实实在在的，不是虚拟的。

（二）网络营销 6P

在中小企业网络营销活动中，营销的主体、客体和基本的市场环境并没有发生根本性改变，营销的核心还是更好地满足顾客的需求，因此，4P 也是中小企业的网络营销策略。但是，由于互联网环境和传统实体环境并不是完全相同的，网络市场有其独特的特点，所以，4P 作为网络营销策略也发生了一定的变化，4P 不仅仅是简单地由传统实体市场向网络市场上复制和延伸，更重要的是基于互联网技术和网络市场的特点在网络市场上的变化和创新。同时，中小企业在互联网上开展营销活动，一方面面临着本企业的营销信息被信息海洋淹没、用户浏览不到的境地；另一方面又面对着由于看不到实体商品、钱货交易不同步而导致用户不信任的情况，因此，企业还需要有适应网络市场独特特点的平台策略和参与策略等。

1. 产品（Product）策略

中小企业对任何产品都可以开展网络营销活动，至少可以开展网络推广活动。在网络上，由于顾客看不到、摸不着真实的产品，因此，中小企业开展网络营销活动要关注产品在网络上的表现形式。除一般的文字、图片和视频等信息表现形式外，企业更应该精心打造产品的网络品牌，重视产品的网络口碑的

---

① 冯英健．网络营销基础与实践（第四版）［M］．北京：清华大学出版社，2013：15.

表现。同时，中小企业不能忽视那些在网下为顾客提供的各种附加利益，如送货、安装和维修等，以提升顾客的感知价值。另外，在网络营销中，企业要重视顾客对产品的体验，体验已成为产品的组成部分之一。

2. 价格（Price）策略

网络营销的最大特点在于消费者占主导地位，消费者拥有比过去更大的选择自由，企业更多地采用基于需求导向和竞争导向的定价方法。在网络经济中，互联网能够帮助企业降低生产和库存等成本，同时，消费者易于比较产品的价格，中小企业经常采取低价的定价策略。顾客通过互联网直接与企业沟通，根据自己的意愿定制产品，企业可以采取定制生产定价策略。为了能够获取消费者剩余，降低库存，提高竞争力，企业可以实行动态定价。免费是互联网的商业模式，为了推广产品和获得更多的用户，企业经常采取免费定价策略。

3. 渠道（Place）策略

互联网为企业与顾客的连接创造了一种新的渠道，也是直接的销售渠道，因此，渠道不再仅仅是实体的，而是线上线下结合的，甚至完全是线上的。目前，网上销售已发挥出越来越重要的作用，网上销售渠道已成为企业一条重要的销售渠道，甚至有的企业仅仅开展网上销售。企业开展网上销售，可以自建销售平台，如企业官方商城，也可以利用第三方平台，如网上商店，二者优劣势互补。中小企业自建销售平台具有独立性，但是在建设、维护和推广平台上需要投入较多的资源；中小企业利用第三方平台开展网上销售，不需要投入较多的资源，但是受制于第三方平台，顾客主要来自于第三方平台的访问者。

4. 促销（Promotion）策略

人与人之间的社交活动有约定俗成的礼仪，在互联网世界中，也同样如此，即存在网络礼仪供互联网使用者遵守。中小企业在开展促销活动中，也要遵守网络礼仪，要开展软营销，不能强势灌输，否则会受到用户的惩罚。由于互联网信息沟通的双向性，企业的促销活动能够得到用户的反馈，而用户的反馈也能得到企业的及时响应。利用互联网的技术，企业可以开展基于用户行为特点的促销活动，如基于用户浏览行为的网页定位广告和基于用户购买行为的交叉销售等。另外，基于互联网的技术，企业可以开展丰富多彩的促销活动，网络促销手段比传统促销手段更加灵活和多样。

5. 平台（Platform）策略

在企业网络营销活动中，信息源是网络营销的基础，用户通过各种渠道来到信息源获取更多的信息，这是访问者转化为真正顾客的前提条件。为了让更多的用户通过各种渠道获得企业的营销信息，企业必须在尽可能多的平台建立信息源，以增大用户访问的机会。但是，当众多的企业在各种平台都建立信息源时，由于用户的注意力是有限的，如果企业的营销信息出现的位置靠后，被用户发现的机会就会大大降低，所以，对于平台策略而言，中小企业不仅要在众多的平台上建立信息源，而且还要使信息源在各个平台上排名靠前，这样，才能保证良好的网络营销效果。随着跨境电商的兴起，平台策略在中小企业国际营销活动中越来越发挥着重要的作用。

6. 参与（Participation）策略

在互联网上，由于看不见、摸不着商品的实体，不能先行试用商品，导致用户对产品的认识不全面、不深刻，进而在一定程度上不相信产品和企业。为了消除用户的不信任感，充分利用互联网信息传递的方便性，让用户参与进企业的网络营销过程中，了解产品，了解企业，为用户创造一种新的购物体验。用户参与企业的网络营销过程，主要包括参与产品的研发和参与产品的推广。最典型的例子是小米手机，从产品开发到客服，都与用户打成一片，在公司运转的各个环节尽量开放给用户，让用户参与进来，在一定程度上可以说，用户的参与成就了小米。当然，基于用户核心需求基础上的参与，才能给用户带来完美的体验。

网络营销策略是一套能够影响市场需求的企业可控制的因素，包括产品、价格、分销、促销、平台和参与等，这些因素构成一个有机整体，相互配合，优势互补，发挥整体效应，是中小企业开展网络营销活动的工具和手段。在网络营销策略中，基于网络可见度的平台策略和基于网络可信度的参与策略是基础，唯有网络用户建立在可见度和可信度的基础上，产品、价格、分销和促销等策略才会有效果，企业的网络营销活动才可能会成功。

作为一种新时代的营销模式，网络营销以其快捷、低成本、高覆盖的优势为经营灵活的中小企业国际营销活动带来前所未有的变革和发展机遇。网络营销正日益成为中小企业成功实现国际市场营销的重要手段。山东省中小企业要与时俱进，做好网络营销，为我所用，"弯道超车"，实现国际市场营销活动的大发展。

### 三、产品差异化营销策略

产品是企业生存与发展的根本。在国际市场中，市场竞争激烈，中小企业要有一定立足之地，研发和生产与竞争者在质量、外观、性能和内涵等方面不同的产品，实施产品差异化营销，是开展国际市场营销活动的一种策略思路。但是，这种产品差异化营销，并不是仅仅与竞争者产品形成差异化，而是在满足目标市场顾客需求基础上的差异化。菲利普·科特勒等营销学者认为，产品整体是由五个层次组成的，分别是核心产品、形式产品、期望产品、延伸产品和潜在产品。产品整体概念反映了以消费者为中心的市场营销思想，企业要在国际市场竞争中获得优势地位，就必须从整体上认识和完善产品，立足于消费者对产品不同层次的需要开展产品差异化营销。

（一）产品能够满足消费者的需要

消费者的需要是企业市场营销活动的出发点和归宿点。没有消费者的需要，企业的市场营销活动就不会存在。现代营销思想认为，产品是指能够通过交换满足消费者某一需要和欲望的任何有形物品和无形服务。所以，企业产品的成功必须建立在"产品＝需要"这样一个等式之上。产品必须要满足消费者的需要，不能满足消费者需要的产品，肯定被淘汰；不能充分满足消费者需要的产品，也不是一个好产品。消费者对产品的需要不仅包括产品能为消费者提供的功能性利益，而且还有产品能够满足消费者的社会性需要。具体来说，消费者对产品的需要包括功能性需要、附加性需要和社会性需要。

1. 功能性需要

功能性需要指的是消费者对产品的基本功能效用的需要。产品的价值不在于拥有它，而首先在于给消费者带来的某种功能性需要的满足。功能性需要对应着产品为消费者提供的基本利益。消费者购买某一产品，一般来说是为了解决某一特定问题。消费者购买小汽车不是为了获取由各种汽车配件组装而成的机器，而是为了代步需要，代步就是小汽车为消费者提供的基本利益。任何产品都必须提供满足消费者需求的功能性利益，功能性需要是消费者购买产品的出发点。

2. 附加性需要

附加性需要是指消费者在购买产品、获得产品基本利益的同时，希望获得的其他相关利益的总和，包括舒适的购物环境、现场导购、产品保证、安装调试、免费送货、技术支持等各种售中和售后服务。消费者购买小汽车除了满足代步需要之外，还希望得到与满足该需要相关的附加利益，如保养维修、保险、技术指导和培训等。附加利益是企业在销售产品的同时或以后，为消费者提供的与产品销售或消费相关的各种服务，旨在使消费者的购买行为和消费行为更有价值。

3. 社会性需要

在很多情况下，消费者购买产品不仅仅是为了获得产品所提供的功能利益，而且更重要的是获得产品所代表的象征利益，即满足自己的社会性需要。

某些产品对消费者而言具有特别深刻的含义，它们能够向社会传递关于消费者自我的很重要的信息。从某种意义上说，消费者是什么样的人是由其购买或消费的产品来界定的，如果丧失了某些关键产品，那么消费者就成为不同于现在的个体。购买"劳斯莱斯""奔驰"汽车，对消费者来说，显然不是购买一种单纯的交通工具，而是用来象征自己身份和地位的与众不同。

（二）产品 = 实体 + 服务 + 概念

消费者对产品的需要包括功能性需要、附加性需要和社会性需要。根据"产品 = 需要"，产品必须具备三个层次的组成部分，才能满足消费者上述三方面的需要。

1. 实体

实体是产品为消费者提供功能利益的载体，是产品功能利益实现的外在形式。功能利益是一个抽象的概念，企业必须把它转化为具体的形式。就有形产品而言，实体是指产品的有形部分，消费者能够看得见、摸得着；对无形服务产品而言，实体指的是在服务生产和消费过程中，企业和消费者广泛互动的接触点。实体是产品最基本、最重要的部分，产品没有实体部分，就不能满足消费者最基本的功能性需要，消费者也就不可能购买产品。

2. 服务

这里的服务是指企业为促进产品销售而进行的一系列相关的辅助性的活动，包括相关的服务项目和服务态度。消费者购买产品，除了希望得到称心如意的产品外，还希望得到令人满意的服务，也就是满足自身对产品的附加性需要。任何产品，不论它是多么有形，在销售过程中总是伴随着一系列的为消费者提供的辅助性服务活动。没有服务，产品提供的基本利益就很难更好地满足消费者的需要。在产品日益同质化的今天，消费者对相互竞争的产品提供的基本利益往往很难做出正确判断，此时企业的服务水平和服务特色成为消费者选择产品的一个重要因素。因此，服务因素已成为现代市场竞争中企业关注的焦点，全球兴起一场以消费者满意为导向的服务革命，世界上许多企业不论是属于制造业，还是属于服务业，纷纷以服务企业自居。

3. 概念

概念是指产品所承载的消费者的某种社会性需要，也就是产品能为消费者带来的某些心理或精神需要方面的东西。产品的实体和服务是看得见、摸得着的，可以为竞争者所模仿或复制，而概念是看不见的，它反映了企业赋予产品无形的含义，为企业产品自身所独有，竞争者是模仿不了的。产品的概念部分能满足消费者社会性需要，这是一种更高级的满足形式，能使消费者获得最高层次的满意。

概念对产品具有特殊的重要意义。任何一个产品，如果单纯地就产品卖产品，绝对不是一个好产品，也不会在市场上存在较长时间；任何一个企业，如果没有赋予产品某一概念，那么营销活动就会在低层次徘徊，企业也很难得到更好的发展。消费者是一个个活生生的人，概念就是将文化或人性的某一部分赋予到产品上，从而激发消费者更深层次的购买欲望，支持消费者现实的购买行为。一个伟大的产品必须具有清晰的为消费者所耳熟能详的概念。

（三）产品＝实体＋服务＋概念对企业市场营销活动的意义

1. 产品是实体、服务和概念的统一

任何一种产品都是实体、服务和概念的统一，缺少了任何一部分，都不能说是一个优秀的产品。不过由于不同的产品对消费者的重要性是不相同的，所以实体、服务和概念这三个层次在不同产品中所占的比重是不同的。对于消费者越不重要的产品，消费者可能仅仅关注产品的实体部分，而对服务和概念部分则忽视，因此实体可能成为此类产品的主要部分；随着产品对消费者的重要性的增加，消费者除了关注产品的实体部分外，还会越来越重视产品的服务和概念部分，服务和概念会成为产品的重要部分。总之，对消费者越重要、越有意义的产品，产品的三个层次就会越清晰，服务和概念就越重要。

2. 消费者满意是消费者对产品实体、服务和概念满意的综合

产品的实体、服务和概念分别对应着满足消费者对产品的功能性需要、附加性需要和社会性需要，因此，消费者满意是消费者对产品实体、服务和概念满意的综合。消费者对产品的任一部分不满意，都会导致消费者对产品整体不满意，因而消费者也就不会购买产品。根据赫茨伯格的双因素理论，产品的实体和服务为消费者满意的保健因素，概念部分为消费者满意的激励因素。如果消费者对产品的实体和服务满意，消费者不一定对产品满意；而只有消费者对产品概念部分也满意时，消费者才会对产品满意，消费者也才有可能购买。

（四）产品差异化是企业在产品实体、服务和概念上的差异化

1. 实体的差异化

实体的差异化是产品差异化中最直观的形式。由于实体是产品功能利益的载体，所以，技术差异化是实体差异化的核心，也是最难实现的实体差异化。为此，企业要大力开展研发和设计工作，努力使产品实体在质量、功能、款式、包装等方面发生改变，以使自己的产品区别于同类企业的产品并建立竞争优势，而且满足顾客需要。另外，在国际市场营销活动中，许多企业产品实体的生产地和销售地选择在不同的国家或地区，由此带来位置和运输上的便利和利益。这种实体生产和销售的地理差异对于企业节省成本、广揽顾客有着重要的作用。

2. 服务的差异化

在现代市场营销理论中，服务已成为产品的一个重要组成部分。随着科学技术的发展和市场竞争的加剧，企业之间的模仿、渗透使产品同质化的倾向非常明显，同类产品在功能、质量、式样、包装等方面的差距越来越小。但服务是没有止境的，企业需要从顾客的角度设计服务，通过训练有素的员工为顾客提供优质服务，实施产品的差异化，让顾客在购买和使用产品过程中感到轻松、方便、舒适，提高消费者的满意程度。山东省中小企业还需要扩大服务的

过程，不仅要重视售后服务，还应对售前服务、售中服务、咨询服务、技术指导等方面给予重视。

### 3. 概念的差异化

概念的差异化是产品差异化营销的最高级形式。文化的力量是无形的，潜移默化地影响着消费者的心理和行为。山东是儒家文化的发源地，儒家文化源远流长，超越国界，成为全人类共同的文化财富。因此，山东省中小企业开展国际营销活动，可以把儒家文化的某一方面赋予到产品上，激发国际市场的顾客购买。山东省中小企业也可以入乡随俗，积极适应、学习、融合当地的本土文化，把本土文化赋予到产品上，激发当地顾客的购买。这样，山东省中小企业既能够加强与目标市场消费者的文化认同，还能够形成并保持独特的竞争优势。

如果产品在一般情况下能够被其他同类产品所替代，那么它的竞争力肯定是不强的；如果企业能将产品包装成某一方面人性的载体，那么它的可替代性就会变得很小。因为产品体现了消费者所需要的某一方面的人性。山东省中小企业可以让产品成为人性某一方面的载体，与当地消费者进行情感上的沟通，引起当地消费者的情感共鸣，获得目标市场的认可。

## 四、品牌营销策略

品牌是企业生存和发展的灵魂。产品本身没有生命力，而品牌是企业长期发展的生命力。品牌不仅是企业区分同类竞争产品或服务的名称和符号，更是在顾客心智中针对竞争对手所建立的认知优势。一个真正的品牌，是企业给予顾客的心理感受、心理认同和精神价值，而不是单纯的物质层面的满足。

### （一）OEM方式

OEM方式又称贴牌生产方式，是国内企业早期与跨国公司开展合作的主要方式之一。在世界范围内制造业产业结构调整升级的时代背景下，OEM作为全球产业价值链中非常重要的一环,在全球分工协作中发挥着重要的作用。当前,OEM 方式在我国已经逐渐普遍化,根据相关统计数据,我国家电行业中大约有90%以上的企业在做 OEM,像 TCL、格兰仕等企业的发展壮大离不开 OEM 生产的功劳,这一方式已经成为国内企业实现国际化经营的最常见的方式。

山东省中小企业规模小、资源有限、实力较弱,创造自主品牌的条件尚不完全具备。在目前的情况下,通过 OEM 方式贴牌生产,既符合企业和国际市场实际情况,又可以积蓄力量,壮大自身实力,从而为今后实现自主品牌的创建奠定坚实的基础。通过 OEM 方式,山东省中小企业既可以学习国外先进的管理模式、经营理念与生产技术,从而迅速提升自身的管理水平与技术水平,又可以凭借跨国企业的优势,逐渐建立自己的品牌并逐步扩大自身的品牌知名度,为企业成功实现国际化经营创造一个良好的开端。

(二)自创品牌策略

当中小企业在国际营销活动中通过贴牌生产逐渐壮大和国际市场竞争日益加剧时,以代工为主导的赢利模式已成为制约企业发展的最大"瓶颈",创建自己的品牌成为企业发展的必然选择。再小的市场、再微不足道的产品,当企业发展到一定规模时,也需要建立自己的品牌。义乌双童吸管公司的案例充分证明了这一点。

山东省中小企业在国际市场创建自己的品牌时,要充分认识到:第一,创建品牌不是一蹴而就的事情,而是一个长期的过程,需要一代人甚至几代人的努力。第二,创建品牌是企业全方位、多层面努力的综合结果,是 4P 营销组合策略共同作用的结果,不是单纯地依靠广告和人员推销就能成功创建的。第三,以先进技术支撑品牌创建,可以说,没有领先的技术实力支撑,品牌就没有发展后劲。技术是品牌核心竞争力的主要来源之一。第四,在品牌创建过程中,讲好企业故事、山东故事或者中国故事,以企业辉煌的创业发展过程、山东或者中国丰富的历史文化赋予品牌特殊的内涵，这是品牌的精髓所在，是区别于同类竞争品牌的独特标志。

（三）品牌本土化策略

企业的产品能够得到国际市场的广泛认可，品牌的推广是关键。在国际市场营销过程中，实现品牌本土化，企业不仅能够有效降低营销成本，也可以在目标市场树立良好的企业形象，提高产品知名度，从而顺利进军国际市场。但在这个过程中需要格外注意的是要增强法律意识，注重对品牌的保护，及时在目标国工商机构登记注册，谨防假冒。过去我国很多企业没有足够重视品牌的法律保护，造成很大的损失，如五星啤酒的五星商标在美国被外商抢先注册、北京同仁堂商标在日本、"阿诗玛"商标在菲律宾也被他人抢先注册等，企业要么退出当地市场，要么花重金买回本属于自己的商标。山东省中小企业要提高品牌的保护意识，这是实施品牌本土化发展战略的重要保障。

## 五、壁垒营销策略

壁垒营销是指企业基于自身的资源与市场环境约束，构建的有效针对竞争对手的"市场门槛"，以达到维护自身在市场中的优势地位的营销活动。中小企业资源少，实力弱，目标市场小，一旦竞争对手进入自己的目标市场，市场风险很大，甚至会有倒闭的可能。因此，实施壁垒营销，稳定企业在目标市场中的现有地位，对山东省中小企业开展国际市场营销活动具有特殊的作用。壁垒营销实际上是企业向竞争对手发出强烈的竞争信号——要么是进入的风险太大（如先进入者将与后进入者展开"鱼死网破"式的市场争夺），要么是进入的成本太高（如通过价格竞争，切断后进入者未来可能的利润来源）等，进而有效地阻止竞争对手的蚕食，确立企业稳固的市场地位。

（一）产品壁垒策略

产品是企业开展营销活动的主要载体，也是向顾客提供价值让渡的主要载体。因此，企业要在市场中创建有效的壁垒，产品是一个不容忽视的领域。根据"产品＝实体＋服务＋概念"，企业创建产品壁垒也应从这三个方面入手。实体是指能给顾客带来核心利益的产品组成部分，创建实体壁垒的关键是要掌握核心技术。企业可以通过技术改进、改良来提高企业实体产品为顾客带来的利益，进而创建实体产品壁垒。在产品越来越同质化的今天，企业之间产品的竞争更多地集中在产品的服务部分。在其他条件相同或相似的环境下，谁提供更有价值的服务（如服务更全面、更加人性化等），谁就将建立自己的服务壁垒，进而在竞争中确立自身领先的市场地位。概念是满足顾客心理或精神需求的产品组成部分，创建概念壁垒的关键是打造自主品牌。企业通过打造自主品牌，赋予产品特殊的内涵，与顾客建立心理和精神上的认同与共鸣，进而创建概念壁垒。

（二）营销技术壁垒策略

营销技术是指企业占有市场、赢得和保持市场竞争优势的手段。在市场竞争中，不同企业使用同一营销技术，营销效果却不会相同；即使同一企业在不同时期使用同一营销技术，营销效果也会不同。这种情况是经常发生的。因此，使用营销技术，取得良好的营销效果，保持竞争优势，成为企业构建营销壁垒的又一方向。营销技术壁垒，包括价格壁垒（如格兰仕以规模优势和成本优势为基础，通过低价策略牢牢把握了微波炉市场的主导权）、渠道壁垒（如戴尔通过直销方式提供了计算机行业最为简单的产品分销渠道，取得了巨大的成功）、关系壁垒（如安利在当时中国直销市场形势严峻的情况下，通过良好的政府关系走出了一条有中国特色的直销之路，确立了市场竞争的优势地位）等。

（三）知识壁垒策略

知识壁垒是指企业凭借在某一领域、行业所具有的独特知识优势，构建阻碍其他企业进入的门槛，进而掌握行业发展的话语权、主导权。知识壁垒的典型表现是专利壁垒和"标准"壁垒。而"标准"壁垒，则是指企业利用自身的先发优势将企业的标准（如技术标准）提升为行业标准，将整个行业纳入企业的发展框架。前面案例中义乌双童公司在吸管行业中构建了专利壁垒和"标准"壁垒，占领了行业的制高点，成为行业的领军者。

# 第六章　山东省中小企业开展
# 国际营销的保障

"打铁还需自身硬"。对于任何企业而言，内部因素始终是影响其经营成败的最为关键的要素。山东省中小企业要成功开展国际营销活动，实现国际化经营，必须练好"内功"，加强自身建设，提高自身能力，为其国际营销战略和策略的成功落地提供强有力的支持和保障。

## 第一节　树立全球化意识，培育国际化文化

意识是行动的先导，文化是发展的灵魂。企业文化和意识形态是企业发展的思想保障。山东省中小企业在国际市场上开展营销活动，首先要树立全球化战略意识，培育国际化企业文化。

### 一、树立全球化战略意识

目前，山东省中小企业国际市场营销活动基本处于初级阶段。也就是说，大多通过产品出口的形式来参与国际市场竞争，离真正的国际市场营销阶段还需走一段较长的路；而且，仍有一部分中小企业对国际营销的认识还存在一定的误区，即认为国际市场营销是大型企业应该考虑的问题，而非中小型企业应

该关注的事情。

实际上，在经济全球化背景下，企业国际营销活动并不一定需要较大的规模，也不一定需要较强的资金实力，立足国际目标市场需求，发挥自身竞争优势，就可以在国际市场上开展营销活动。事实上，国内许多中小企业已经用实践验证了这一观点的正确性。因此，山东省中小企业应放眼全球市场，树立全球化的战略意识，更新市场营销理念，正确认识自己，不应妄自菲薄，制定科学合理的国际营销战略与策略，利用自身优势积极主动地投入国际市场竞争中。另外，山东省中小企业在国际市场营销活动中，应充分开展国际市场调研，准确把握顾客需求，利用现代信息技术，不断创新营销方式方法，以顾客需求为导向，发挥企业自身的专长，将主要资源放在如何满足国际目标市场需求上，而不是将目光一直紧盯在竞争对手上。

## 二、培育国际化企业文化

一个成功的企业不仅表现在经营业绩的突出，也表现在企业文化的积极向上。企业通过塑造良好的文化氛围，不仅能够提高自身的经济效益，更能增强内部凝聚力、内在驱动力和核心竞争力，实现企业的长远发展。受发展时间与管理水平等诸多因素的限制，山东省中小企业不可能与一些有着数十年甚至上百年发展历史的企业一样，有着较为完善的企业文化，但是，建设企业文化是企业成功经营不可或缺的组成部分，尤其是在国际营销活动中面对不同国家、不同民族之间由于社会文化差异造成的矛盾冲突，获得员工和顾客认同的企业文化能够促进沟通与理解，解决跨文化冲突，宣传企业和推广产品。

山东省中小企业要成功进入国际市场，营造一种能够与中小企业国际经营相匹配的文化氛围很重要，可以从以下两个方面着手：第一，创建学习型组织。只有具备较强的学习能力，才能对市场变化迅速做出反应，及时做出调整以适应新的环境与变化，进而在市场竞争中取得优势地位，超越竞争对手。山东省中小企业只有建立学习型企业，才能形成努力学习、奋发向上的良好文化氛围，不断学习和接受新的事物，进一步增强企业的国际竞争力，在国际竞争中取得一席之地。第二，不断融合不同国家、民族的文化。在经济全球化的背景下，所有企业文化都被世界这个大熔炉融在其中，然而，由于不同国家、不同民族之间文化背景、生活习惯等都存在着或多或少的差异，在文化融合的过程中存在各种各样的困难，文化冲突时常发生，唯一的解决方案就是在文化冲突中寻找不同文化的结合点，在此基础上将不同的文化进行融合，形成一种互通有无的"合金"文化，从而能够集百家之长，形成具有自我特色的国际化企业文化，推动山东省中小企业的国际市场营销进程顺利向前发展。

## 第二节　加强国际营销人员队伍的建设

市场竞争实质上是营销人才的竞争。山东省中小企业要开展国际市场营销活动，首先需要有一个既精通目标国家语言，又了解国际市场规则的国际营销团队。而这正是当前山东省中小企业国际营销活动的最大短板和"瓶颈"。山东省大多数中小企业人力资源管理水平低下，人才激励约束机制不健全，人才外流现象比较严重。在这一点上，不仅是山东省中小企业，也是整个山东面临的严峻的问题。与此同时，山东省中小企业平台小，发展空间有限，使其对人才尤其是高素质人才的吸引力难以与大企业抗衡。山东省中小企业要顺利开展国际营销活动，首当其冲的是建设一支具有国际化水准的高素质营销队伍。

### 一、更新理念，再造营销队伍

营销理念是企业在营销活动过程中所遵循的指导思想和行为准则，从根本上决定了整个企业营销活动的成败和营销业绩的好坏，所以中小企业营销队伍发展的关键在于营销理念上的发展：

首先，山东省中小企业管理者要认清国际市场竞争的严峻性和自己企业在市场中的地位。市场竞争不进则退，中小企业无法与大企业相比，只有让营销队伍一直保持旺盛的进取心，抛弃自满和安逸，永不言败，除了抢市场还是抢市场，才能继续向前发展。其次，管理者要清醒地认识到现在的买方市场形势，坚定树立以顾客为中心的理念，即企业的一切活动都围绕满足目标消费者的需要来进行，彻底抛弃过时的一切以企业为中心的传统观念，如生产观念、产品观念和推销观念等。最后，中小企业要实施对营销队伍的观念管理，营销队伍要切实树立以顾客为中心、以竞争为导向、整体营销、绿色营销等现代营销观念。通过培训和激励，将企业所确立的营销理念灌输到营销人员的头脑中，从而使企业的营销理念内化为营销人员的具体行动上。

在保持营销理念先进性方面，营销队伍的学习能力至关重要。市场千变万化，各种新情况、新问题会随时发生，营销理念和销售方式也在不断发展变化，这就要求营销队伍要树立终身学习、不断充电的思想，随时掌握现代市场营销方面的新思想、新理论和新方法，以适应激烈的市场竞争。中小企业管理者要和营销队伍一起分享自己的学习心得和体会，感受先进的营销理念，同时履行管理和领导职责，做一名先进营销理念的宣传者和执行者。

**二、重视培训，提升营销队伍**

由于中小企业实力有限，因此，其招聘的营销人员通常很快便投入营销工作中，对于短时间内不能完成业绩的员工通常会与其解除劳动合同，这不仅加大了企业的用工成本，而且在一定意义上加快了人员流动，造成了企业人才的流失。由于各种主客观条件的限制，诸如行业的发展、市场的变化、企业文化的变革、知识结构的更新、个体性格的差异等，中小企业营销人员的素质和能力需要通过不断培训才能得到发展，他们的营销业绩也需要通过不断培训才能得到提高，更重要的是，只要通过不断的职业培训，才能不断使营销人员的能力与企业的经营发展相匹配。

相对于外部人才的引进，内部员工对本企业情况比较熟悉，而且忠诚程度更高，山东省中小企业可以从企业内部选拔具备国际营销潜能的员工，有针对性地进行国际营销人才的培养，建立一种国际营销人才培养的长效机制。中小企业开展员工培训的方式多种多样，既可以通过企业内部培训，也可以借助第三方机构展开外部培训，或者派遣重点培养人员去世界知名跨国公司学习、考察。由于中小企业资源有限，在其内部设立专门的培训部门成本过高，因此较为适合的途径通常是聘请第三方培训机构来对企业开展员工培训。在培训内容方面，既可以是营销技能、管理方法、产品知识等业务方面的知识，也可以是营销理念、企业文化、团队精神等思想意识方面的内容。

企业家作为企业主要战略的制定者，其对于国际化的态度将会在很大程度上决定着企业的国际市场营销道路。只有全球化视野和国际化领导力的企业家，才能推动公司成功实现国际化经营之路，因此，山东省中小企业企业家需要不断加强自身素质建设，学习更多的国际商务、跨国经营、跨文化管理的知识技能，并逐步积累经验，形成一个企业国际化和企业家个人素质提高相互推动的良性循环，以达到最终促进企业发展的目的。

很多时候，中小企业对营销人员开展了培训，但是培训效果并不好。主要原因是领导者没有真正重视培训，或培训仅是泛泛而论，不符合营销人员的需要，脱离实际工作。所以，中小企业领导者首先从思想上重视营销队伍的培训对企业发展的重要性，其次要遵循正确的培训流程及方法等。培训的流程有培训需求分析，制订培训计划，选择培训形式，实施培训，培训绩效评估等。

### 三、补充血液，引进外部人才

人才好比企业的血液，中小企业要解决国际营销活动中的"贫血"问题，除了内部培养之外，还需要引进外部人才。山东省中小企业要建立良好的人才引入长效机制，科学制定人才引进策略，吸引在外资、中外合资企业或跨国公司工作的优秀人才加盟，同时还应加大对高校优秀毕业生的引入，以作为人才储备之用。另外，山东省中小企业可以柔性引进相关人才，例如，通过聘任相关学者、专家组成企业智囊团，与那些拥有国际营销人才的中介服务组织保持密切联系，借助他们的力量来解决中小企业参与国际市场竞争过程中遇到的技术、营销等棘手的问题。

本土化人才是企业需要重视的一种外部人才。由于本地人才对于当地的政治经济、社会文化、法律法规以及人际关系等情况通常较为熟悉，可以轻而易举地在当地市场开展营销工作。在以人为本的今天，本土化的核心理念应是人才的本土化，企业所有的本土化策略最终都要落实到人才能实施。因此，实现人才本土化对于山东省中小企业开展国际营销活动至关重要，必须提高对本土化人才的聘用与培养的重视程度，尤其是那些熟悉当地情况和有着丰富当地工作经验的本土化人才。

### 四、精细管理，稳定营销队伍

山东省中小企业对营销队伍的管理可分为对营销人员的管理和对营销工作的管理。首先，中小企业可针对营销队伍的现状，结合企业相关的规章制度，制定一系列切实有效的营销人员管理制度，以保证营销工作正常运行。其次，中小企业要加强企业文化对营销人员的影响。很多企业追求一种"狼文化"，实质上企业想把自己的营销队伍塑造成像狼群一样，有战斗精神、有冲击力、有韧性、有团队精神等。另外，中小企业还需要对营销人员进行人性化管理。因为营销人员一般是进取心比较强烈，有冲劲、性子较急的人；而且，中小企业的营销人员在客户面前经常是委曲求全的，受了委屈回公司发泄也是在所难免的。这时，中小企业对营销人员的管理要多鼓励、多指导，正面批评的话尽量少用。

中小企业对营销工作的管理要做到结果管理与过程管理的有效结合，不能只有简单的结果管理，如仅仅考核销售量和营销费用等。因为市场有成熟市场和新市场，营销人员也有老人和新手之分。成熟市场有市场基础，相对容易出销量；而对于新开发的市场或者新产品而言，则需要有产品推广、渠道建设、消费者教育等大量的营销过程中的工作要做，而这些工作又不能够马上见效果。所以，如果简单地以销量考核，营销人员当然不愿意开拓新市场、推广新产品。对新业务人员也是如此，新业务人员对市场还不熟悉，一开始就和老业务人员一样单纯地考核销量，新业务人员难以承受。所以，要采取营销目标与营销过程兼顾的考核办法。这样会对业务人员激励相对公平一些，而且能够引导营销人员按照公司的营销战略开展工作。

中小企业要克服营销业绩过于依赖顶级营销人员的问题，建立科学化和标准化的营销管理机制。在科学化和标准化的营销管理机制下，支撑营销人员业绩的主要是企业强大的营销系统，因此，一旦离开企业这个平台，业绩突出的营销人员就很难复制其在原来企业的成功。所以，在科学化的营销管理体系之下，营销人员的流失率相对较低，流失后对企业的影响也相对较小，企业的营销队伍也会因为稳定而走向强大。在科学化和标准化的营销管理机制下，中小企业要建立规范的营销过程管理体系和多目标营销考核体系，彻底抛弃那种"不问过程，只看结果"的粗放式营销管理，全面提高企业整体营销工作的管理水平。

## 五、科学考核，激励营销队伍

绩效考核是激励和引导营销队伍的重要手段，也是企业营销业绩稳定增长的保证。山东省中小企业要改革创新考核的目标、方式及具体的指标，要从粗放式考核转变为精细化考核，要从注重结果考核转变为结果与过程考核并举，要从销售量考核向客户满意度忠诚度考核转变，要从基于短期利益角度考核向基于长期利益角度考核转变等。通过考核，中小企业要形成优胜劣汰的良好局面，从而激发营销人员的竞争活力和创新精神。

山东省中小企业要充分重视绩效考核在激励营销人员中的重要作用，制定科学规范的绩效考核体系。考核指标的设置要遵循软硬指标相结合的原则，打破过去单一考核硬指标的考核体系，硬指标如产品销售额、回款额、新客户增长率等；软指标如价格体系管理、消费者满意度、工作态度管理等。硬指标是绩效考核的主线，完成必须奖励，但是软指标是绩效考核的辅助手段，也不能忽视。同时，要明确绩效考核的对象和考核的程序，完善绩效考核的等级以及结果的实施，并加强对绩效考核的监督和控制。

在绩效考核的基础上，中小企业要科学合理地设计营销人员的薪酬制度，采取多层次的激励机制调动营销队伍的积极性，把激励手段和目的结合起来，发挥营销人员个体潜能，使人尽其才。中小企业激励营销人员可采取销售竞赛、经济报酬、施加压力、肯定成绩、培训和晋升等多种工具和方式，要注重物质激励与精神激励的有效结合，选择合适的激励强度和频度，使激励效果最大化。

### 六、完善职能，健全营销部门

市场营销是企业的一项整体性经营活动，它不仅包括产品销售，也包括市场推广。现代企业的市场营销活动具体有市场调查和研究、产品开发、定价、分销、广告、销售促进和售后服务等一系列工作。因此，笼统地说，企业的营销职能应该是全面负责企业产品的经营销售及售后服务，获取利润和实现企业的经营目标。

首先，山东省中小企业必须充分认识营销部门建设的重要性和紧迫性，从组织结构上建立健全营销部门。营销部门和生产部、技术部、财务部等部门不同，它是直接与市场打交道的部门，是公司实现利润的核心环节，所以营销部门的建立非常重要，它是企业营销管理工作高效运转的组织保证。其次，山东省中小企业要尽快从传统的销售模式中解脱出来，转变和完善营销职能建设。营销职能可分为新产品研发、市场开发、市场推广和销售等方面，中小企业要将市场开发、营销战略策略的制定及实施等职能转变为营销部门的核心职能。最后，山东省中小企业要从顶层设计上重新架构新的企业文化和企业组织结构，将营销部门变为企业的核心部门，将营销职能变为企业的核心职能，建立起以市场为导向的科学合理规范的企业运行机制。全体员工和企业各部门应以营销部门为核心，以市场为导向，参与到企业的整体营销活动过程中，使企业获得更多的客户和更高的利润。

对于山东省中小企业来讲，营销队伍建设是一项长期而系统的人才战略工程。营销队伍建设能否适应市场发展的需要，直接决定着中小企业的生存和发展。山东省中小企业必须以人为本，开拓创新，建立和健全以市场为导向的营销运行机制，以制度管人、按流程办事，逐步建立一支适应时代发展和国际市场需要的高素质营销队伍，以推动企业迅速发展。

## 第三节　推进企业自身建设

在国际化进程中，企业的自身建设也非常重要，自身建设关系到企业在国际市场上的竞争力和长期稳定发展。山东省中小企业要以走向国际市场为契机，建立健全良好的管理体制和运行机制，推进企业自身建设，为国际营销活动提供制度保障和内生动力。

## 一、建立现代企业制度

企业制度的效率在企业竞争中起着决定性作用，建立和完善现代企业制度是山东省中小企业开展国际营销活动的组织基础，也是中小企业参与国际竞争的核心制度保障。在国际化过程中，内部人控制问题是中小企业国际化经营中普遍存在的一个问题，而激励和约束机制的不完善也会使中小企业国际营销活动面临失败的风险。解决上述问题的重要举措在于中小企业必须尽快建立起现代企业制度，形成相应的治理体制，并以此为突破点，推进企业内部治理机制的优化与完善，从根本上规范企业决策机制、执行机制、激励机制、监督机制及其他内部管理机制，以提升企业的国际竞争能力，抵御国际化过程中的各类风险。

（一）完善企业内部治理机制

山东省中小企业应当根据现代企业制度的要求，完善内部治理结构，科学划分治理层次，并据此设置不同的责任层级，明确不同层级人员的权责关系，赋予不同层级人员相应的管理责任。中小企业人员少，但是，治理层次不能少，决策层人员、执行层人员以及监督审计层人员要齐全，真正发挥相互协助、相互促进、相互制约的作用。中小企业对董事会与经理层的两权分立要慎重。企业是一个经济组织，决策权的高度统一是企业成功的基础。对中小企业而言，简单化、相对集中的决策既直接有效，又迅速快捷，有利于企业的发展。如果董事会与经理层形成权力的分散与牵扯，对企业的发展反而会起羁绊作用。在中国香港和台湾、韩国以及与中国有较深文化渊源的东南亚国家或地区，企业广泛采用家族式管理，获得了较大的成功，在一定程度上说明了这一点。

（二）建立健全激励与约束机制

山东省中小企业要建立健全激励与约束机制，实现股东、管理层与公司员工三者之间关系相分离，以保护公司利益相关者利益不受侵犯。这些机制主要包括：其一，在选拔与授权管理层时对其行为进行制度规范，从而减少委托代理问题，降低代理成本。其二，建立更加完善的企业经营业绩考核与绩效评估制度，保护股东合法权益，防止出现"内部人控制"问题。其三，建立更加完善的企业内部控制制度，尤其是加强内部审计制度建设，减少不规范经营行为的发生。

## 二、建立内外协同机制

中小企业规模小，实力弱，将有限的力量和资源集中到一点上，将这个点做到最好，形成压倒性优势，才能在竞争激烈的国际市场求得生存与发展。因此，山东省中小企业总部应该整合各部门和分支机构的力量和资源，实现组织的协同，为成功开展国际营销活动奠定坚实的基础。首先，在地理位置整合方面，中小企业要考虑市场、技术和生产等因素，将各部门和相关分支机构等在合适的地理位置上设立，实现地点资源的整合，主要考虑的情况包括：生产成本较低的地方（如人口多，人力成本较低）、可方便获取信息的地方（如靠近消费者市场，可易于获得市场信息）、技术先进的地方（如科技发达，高层次人才聚集）。其次，在部门和机构整合方面，中小企业应该将相互补充、相互协调的部门、分支机构、分公司等进行整合，形成一个整体网络组织，彼此之间相互依存、相互促进、相互提高。在这一整体网络内部，不同组成部分之间能够实现资源的共享，从而实现内部协同效应。

整合外部资源，借助外力，是中小企业加快发展的一种重要战略。中小企业在产品由研发到销售的全过程挖掘能够与相关外部组织合作的各个环节，取长补短，互利共赢，发挥外部协同效应，实现外部资源的整合。在实现内部协同与外部协同的基础上，为了应对不同组织或者不同部门、分支机构在利益关系、资源分配或组织文化等方面存在的分歧，中小企业还应该建立健全各种正式和非正式的协调与控制机制，协调与约束企业内部各部门、分支机构之间的关系以及与外部组织的合作关系，保证内外部协同效应对企业发展的正向促进作用，从而加快企业国际营销活动的步伐。

### 三、管理本土化

本土化概念是与国际化、全球化概念紧密相关的，没有经济的全球化、一体化，也就没有本土化。山东省中小企业开展国际营销活动，首先面对的是与山东文化、中国文化不一样的市场环境，要重视目标国家政治、经济、法律、文化、风俗习惯、生活方式等因素的影响，不要把自己当成外来者，而是当作目标国的一员融入当地市场中。在营销管理中，产品要适应目标国市场的特点和消费者的需求偏好，注重产品制造的本土化；要研究目标国家商业运作的特点，重视目标市场分销渠道的特殊性，推进中间商和销售终端本地化；要重视使用本土营销人员，提高当地公众对企业和产品的认同感。在目标国家和地区设置分支机构或对外投资时，山东省中小企业要注重本土人文环境的研究，尊重当地的风俗习惯和文化传统，推进企业的本土化管理。否则，企业和当地员工以及利益相关者在经营理念与价值观等方面无法达成共识，也就不可能成功实现国际化经营。

## 第四节　建设中小企业技术创新工程

科学技术是第一生产力。在走向国际市场的道路上，任何企业都不能完全避开技术竞争这一核心领域。党的十九大报告指出，创新是引领发展的第一动力，是建设现代化经济体系的战略支撑。可以毫不夸张地说，技术创新是推动企业参与国际竞争的核心力量。山东省绝大部分中小企业在加工制造和人力成本方面具有优势，处于"微笑曲线"中附加值的最低点，往往依靠价廉却不一定物美的产品在国际市场竞争中获得一席之地。这样，企业虽然可以维持一时，但是利润微薄，难以长久生存下去，更难获得发展。山东省中小企业要想摆脱这种尴尬的局面，顺利地走向国际市场，最根本的途径莫过于加大对产品的研发力度，提高研发投入，努力建设企业技术创新工程。

### 一、在模仿的基础上实现创新

很多中小企业不愿创新，却热衷模仿，主要原因是企业的资金规模小，技术人才匮乏，没有较多的资源投入研发中。另外，企业能够少走弯路，产品直接投入市场，避免研发失败的风险。不可否认，有的企业通过模仿取得了成功，但是再进一步探究，这种模仿不是简单的抄袭，更重要的是在模仿的基础上实现了创新，这才是适合山东省中小企业发展的现实路径。除了投入少、市场风险小、成功的概率大等优点外，模仿创新更重要的优点是，中小企业在对率先创新的产品进行模仿的过程中，其技术水平也会在学习中得到提高，自然，创新能力也随之得到增强。甚至能够在此基础上形成具有自主知识产权的新产品，从而向市场推出创新产品。总之，山东省中小企业在模仿的基础上实现创新，能够提高企业的技术水平，避免市场同质化竞争，从根本上增强企业的核心竞争力，进而顺利地进入和占领国际市场。

### 二、与他人合作技术创新

山东省中小企业在资金、人才有限的情况下，自主研发存在较大的困难，因此，采取与他人合作研发也可以成为企业实现技术创新的有效方式。山东省中小企业可以通过两种合作方式实现技术创新：①与科研院所或高等院校合作，为其提供场所、经费、人员等资源，建立"产学研"共同体，获得研发产品的生产经营权或者专利的使用权等。②联合相关中小企业，统筹调动各方资源，集中力量共同参与研发计划，或者联合购买国内外先进技术，从而实现合作技术创新。

# 第七章 研究结论与局限

## 第一节 研究结论

本书首先研究了山东省中小企业国际营销的现状，发现了山东省中小企业国际营销活动存在的问题，进而分析了山东省中小企业国际营销的必要性与可行性；其次在研究国内外中小企业国际营销活动成功经验的基础上，构建了中小企业国际营销发展模型，作为山东省中小企业国际营销的借鉴；最后在国际市场营销相关理论的支持下，提出了适合山东省中小企业国际营销活动的战略和策略以及相应的保障措施。通过研究梳理，本书可以得出以下观点：

第一，在对山东省中小企业国际营销现状研究中，通过分析山东省中小企业开展国际营销活动的动因与意义，得出开展国际营销活动是山东省中小企业面临的必然选择；在运用 SWOT 分析法对山东省中小企业开展国际营销面临的机会与威胁以及自身具备的优势与劣势的分析中，得出山东省中小企业具备同大型企业进行国际竞争的条件，山东省中小企业开展国际营销活动是完全切实可行的。

第二，通过对国内外优秀中小企业案例的分析可以发现，中小企业国际营销活动有其成功发展的内在规律，主要包括：①国际目标市场选择利基市场；

②依靠制造，借助产业链进入国际市场；③技术和品牌是国际营销活动发展的关键因素。根据价值链理论，中小企业国际营销发展过程可分为起步阶段、发展阶段和腾飞阶段。在每一阶段，企业创造价值的战略环节是不同的。

第三，山东省中小企业选择利基市场战略作为自己的国际目标市场营销战略，通过深度的市场细分，发掘未满足或未完全满足的市场需求作为自己的目标市场，集中企业全部资源，将自己最为擅长的事情在目标利基市场发挥到极致，通过专业化服务的形式实现企业利润最大化。在目标市场上，山东省中小企业还应该实施集中化竞争战略、集群竞争战略、寄生式战略，以进入和占领目标市场。

第四，在利基目标市场上，山东省中小企业采取的国际营销策略主要包括：国际营销组合策略、网络营销组合策略、产品差异化营销策略、品牌营销策略和壁垒营销策略。每一策略还细分为具体的子策略，山东省中小企业需根据实际情况选择相应的子策略。

第五，山东省中小企业积极开展国际营销活动，无论对于企业自身，还是对于山东省乃至全国经济的发展，都具有十分重要的意义。对其自身而言，开展国际营销活动，能够开辟新的市场，扩展产品销路，扩大销售额，从而拓展生存与发展的空间；对于山东省乃至全国经济而言，不仅能够较大程度上改变山东省"大多小少，旧多新少"的企业发展现状，而且也为山东省加快转变经济发展方式，推动产业结构优化升级，进一步增强山东乃至全国经济发展的活力注入新的动力。

企业开展国际营销活动并不需要大的规模，只要正确选择目标市场，并发挥自身核心优势，就有机会成功占领国际市场。因此，山东省中小企业只要能够做到实事求是，正确评估自身实力，充分发挥自身优势的同时补足发展的短板，选择适合国际化经营的国际营销战略和策略，那么，山东省中小企业开展国际营销活动不仅是可行的，而且会与大企业一样取得成功。

## 第二节  研究局限与研究展望

本书分析了山东省中小企业的国际营销现状，构建了中小企业国际营销发展模型，提出了适合山东省中小企业的国际营销战略与策略以及保障措施。但由于笔者能力以及主客观因素的限制，本书在以下方面需要进一步改进和完善。

第一，本书的数据来源于山东省相关政府部门网站和相关研究报告，与研究主题可能存在相关性不足的问题；另外，由于商业机密原因，研究所需要的样本企业数据未能在本书中得到分析，从而使研究缺乏数据支撑而对本书内容的严谨性造成了一定的影响。

第二，本书从区域整体性角度研究山东省中小企业国际营销战略和策略，没有深入具体行业展开研究，这可能会导致研究比较笼统，缺乏针对性和可操作性，所提出的战略策略也或多或少存在一定的局限性。

第三，本书仅仅对山东省中小企业国际营销战略策略和保障措施进行探讨，未深入战略策略实施层面进行研究。适合山东省中小企业国际营销的战略和策略多种多样，实施效果也不尽相同，本书提出的国际营销战略和策略有待于实践的验证。

第四，本书的研究对象为山东省中小企业，并未延伸到其他地区的中小企业，结论的普适性有待进一步扩大。尽管本书主要针对山东省中小企业，但笔者也真心希望此书能够为国内其他地区甚至更广范围内的中小企业开展国际营销活动提供借鉴。

总之，本书尚有很多需改进和完善之处。本书只是一个研究起点，后续研究将会进一步展开，为此笔者将加倍努力。

# 参考文献

［1］孙国茂，张登方．山东省中小企业发展报告（2018）［M］．北京：社会科学文献出版社，2018.

［2］2019 中国经济年报［EB/OL］．http：//www. gov. cn/zhuanti/2019 zgjjnb/index. htm.

［3］Bartels R. The History of Marketing Thought 3rd ed［M］．Columbus：Publishing Horizons, 1988：194 – 198.

［4］菲利普·R. 凯特奥拉，玛丽·C. 吉利，约翰·L. 格雷厄姆．国际市场营销学（原书第 15 版）［M］．赵银德，沈辉，张华译．北京：机械工业出版社，2012：8 – 18.

［5］Jan Johanson, Jan – Erik Vahlne. The Internationalization Process of the Firm—A Model of Knowledge Development and Increasing Foreign Market Commitments［J］．Journal of International Business Studies, 1977, 8（2）：23 – 32.

［6］Jan Johanson, Lars – Gunnar Mattsson. Marketing Investments and Market Investments in Industrial Networks［J］．International Journal of Research in Marketing, 1985, 2（3）：185 – 195.

［7］Oana Simona Hudea, Razvan – Mihail Papuc. International Marketing Strategies in the Globalization Era［J］．Lex et Scientia, 2009（2）：301 – 311.

［8］S. Tamer Cavusgil, Shaoming Zou. Marketing strategy – performance relationship: an investigation of the empirical link in export market ventures [J]. Journal of Marketing, 2002, 58 (1): 1 – 21.

[9] R. Dobbins, B. O. Pettman. Self – development: the nine basic skills for business success [J]. Journal of Management Development, 1997, 16 (8): 521 – 667.

[10] 刘振华. 略论我国中小企业国际市场营销策略 [J]. 中国商贸, 2010 (17): 21 – 22.

[11] 贺华丽, 刘斯敖. 浙江外向型民营企业品牌国际化研究 [J]. 中共浙江省委党校学报, 2012, 28 (3): 13 – 17.

[12] 范宝财. 我国民营企业营销国际化问题与策略 [J]. 中国商贸, 2010 (10): 56 – 57.

[13] 朱徐晨. 从国际市场营销的视角看中国企业的转型升级 [J]. 北方经济, 2011 (18): 51 – 52.

[14] 刘仓. 4Ps 在中小企业国际营销中的"塔型"构建 [J]. 生产力研究, 2009, 208 (23): 217 – 218.

[15] 赵林晶. 浅谈中国产品在国际市场上的营销策略 [J]. 现代商业, 2012 (3): 161.

[16] 张丽光. 经济新常态下企业市场营销策略 [J]. 现代商业, 2018 (28): 22 – 23.

[17] 郭斌. 我国企业国际营销中的本土化战略探析——以雀巢公司品牌本土化为例 [J]. 对外经贸实务, 2013 (4): 27 – 30.

[18] 唐霄. 法治视角下广西中小企业与东盟网络营销问题及对策研究 [J]. 法制与社会, 2017 (17): 57 – 60.

[19] 陈谊. 中国电影国际营销中面临的挑战及策略 [J]. 企业经济, 2011, 30 (7): 86 – 89.

［20］何旺兵，王缓，胡正明．关于中国企业国际营销战略的思考——以人民币升值背景为视角［J］．经济与管理，2011，25（2）：68－74.

［21］苏艳林．国际营销4P策略的标准化与适应性研究综述［J］．商业时代，2012（31）：35－36.

［22］张峰，吴晓云．企业国际营销模式选择：标准化或者适应性？［J］．软科学，2010，24（8）：95－98＋107.

［23］张婉丽．浅议中小企业的营销策略［J］．中国商界（上半月），2010（5）：154－155.

［24］许晖，万益迁．国际化感知风险与适应性营销策略——基于全球营销理论的权变观点［J］．管理学报，2010，7（10）：1507－1513.

［25］韩中和，刘刚，杜琰琰．品牌战略的影响因素以及对国际营销绩效的关系［J］．经济管理，2010，32（2）：85－90.

［26］陈伟．跨文化视角下商标翻译对国际市场营销的影响［J］．江苏商论，2011（8）：144－146.

［27］张浩．新时期市场营销策略的发展与创新研究［J］．商场现代化，2014（21）：70－71.

［28］贾澜．面向经济全球化的国际市场营销策略研究［J］．财经界（学术版），2016（19）：24.

［29］邓勇．论新时期国际市场营销策略的发展与创新［J］．价值工程，2017，36（34）：32－33.

［30］张旭．新时期国际市场营销策略发展与创新分析［J］．全国流通经济，2018（9）：9－10.

［31］李淑芳．浅谈电力营销［J］．现代经济信息，2011（6）：111.

［32］王晓昌．论国际贸易实务中国际市场营销策略［J］．中小企业管理与科技（中旬刊），2017（1）：126－127.

［33］于征帆．试分析国际市场营销策略的创新和发展［J］．科技风，2016（5）：71．

［34］王庆国．国际贸易实务中国际市场营销的策略研究［J］．科技创新导报，2017，14（4）：237－238．

［35］赵言．浅析经济全球化视域下的国际市场营销的策略［J］．经济师，2016（11）：86－87．

［36］李娟．电子商务环境下的农产品营销物流问题及对策分析［J］．价格月刊，2016（11）：92－94．

［37］林汉川，魏中奇．中小企业的界定与评价［J］．中国工业经济，2000（7）：12－17．

［38］孙国茂，原雪梅．山东省中小企业发展报告（2019）［M］．北京：社会科学文献出版社，2019．

［39］山东：深入实施新旧动能转换重大工程　加快推动中小企业高质量发展［EB/OL］．http：//www. miit. gov. cn/n973401/n7486690/n7486704/c7510130/content. html．

［40］代桂勇．企业网络营销策略研究［J］．现代营销（下旬刊），2019（8）：72－73．

［41］孙丽英，代桂勇．中小企业营销队伍建设存在的问题和对策［J］．山东青年政治学院学报，2013，29（4）：109－113．

［42］孙丽英．中小企业市场营销存在的问题及对策［J］．山东社会科学，2013（2）：182－185．

［43］代桂勇．企业网络营销模式探析［J］．山东青年政治学院学报，2018，34（5）：112－116．

［44］邓地，万中兴．专注——解读中国隐形冠军企业［M］．杭州：浙江人民出版社，2006．

［45］《山东中小企业年鉴》编委会．山东中小企业年鉴2016［M］．北京：中国文史出版社，2016.

［46］董春．我国中小企业国际化发展理论与实证研究［D］．成都：西南财经大学博士学位论文，2007.

［47］菲利普·科特勒．营销管理［M］．上海：上海人民出版社，2009.

［48］赵优珍．中小企业国际化理论与实践研究［D］．上海：复旦大学博士学位论文，2003.

［49］焦利勤．基于市场国际化的中小企业营销策略研究［J］．西南农业大学学报，2012（5）：42－43.

［50］徐欢．中国中小企业国际市场进入模式选择分析——以汽车零部件制造企业为例［D］．杭州：浙江大学硕士学位论文，2006.

［51］王玲．中小企业的国际市场营销方式探究［J］．时代金融，2011（2）：98－100.

［52］乔尼·约翰逊．全球营销［M］．北京：中国财政经济出版社，2004.

［53］代桂勇，杨文凯．产品整体概念新解：产品＝实体＋服务＋概念［J］．中国市场，2011（48）：44＋59.

［54］山东省中小企业局关于加快推进全省中小企业新旧动能转换的实施意见［R］．2018.

［55］冯英健．网络营销基础与实践（第四版）［M］．北京：清华大学出版社，2013.

［56］赵冉冉．中小企业国际营销策略分析［D］．青岛：中国海洋大学硕士学位论文，2011.